Devocional de Salmos para Mulheres

Devocional de Salmos para Mulheres

PARA SE TORNAR MAIS ÍNTIMA DE DEUS

por Francilice Rodrigues

Dados Internacionais de Catalogação na Publicação (CIP)
(Câmara Brasileira do Livro, SP, Brasil)

Rodrigues, Francilice
  Devocional de salmos para mulheres: para se tornar
mais íntima de Deus / Francilice Rodrigues; ilustração Victoria
Rodrigues Moreira. -- Imperatriz,MA : Ed. da Autora, 2023.

  ISBN 978-65-00-71060-1

  1. Devocional 2. Mulheres cristãs 3. Salmos -
Meditações I. Moreira, Victoria Rodrigues. II. Título.

23-158806   CDD-242.643

Índices para catálogo sistemático:
1. Devocional para mulheres : Vida cristã : Cristianismo   242.643
Tábata Alves da Silva - Bibliotecária - CRB-8/9253

❤ *Dedicatória* ❤

Ao meu Deus, meu paizinho, meu Aba, o meu criador que me falou sobre esta obra e se revela a mim todos os dias.

Ao meu esposo, Roneydson, meu amor *forever,* que me apoia e incentiva a viver o extraordinário de Deus.

Às minhas filhas, Victoria, Maria Clara e Elisa, minhas flechas, com quem eu tenho aprendido a ser melhor todos os dias e que me enchem do amor de Deus, sem elas eu não teria conseguido.

À minha mãe, Alice, que me ensina a ser forte e corajosa.

Aos meus irmãos, Cristiane e Paulo, minha cunhada Raquel, meu cunhado Daniel, meus sobrinhos Amanda, Bernardo, Lucas, Luíza e Luana, e à minha tia Eunice, com eles eu compartilho tudo que tenho e tudo que sou, eu amo muito cada um e tenho saudades todos os dias.

À Lana, minha líder espiritual e de célula, para quem posso contar minhas fragilidades, minhas angústias e minhas vitórias, através dela eu ouço muito meu Deus.

Ao Allyson, esposo da minha líder, por ser canal de Deus na minha família.

Às mulheres da célula Cristo Vive em Mim, por compartilharem seus testemunhos, me ajudando a crer ainda mais que Deus está comigo e sempre vence.

Às jovens da célula Jardim, onde minhas filhas estão, jovens, por quem eu orei para que chegassem na vida da minha família, através delas minha casa se tornou um lugar santo da presença de Deus.

Ao meu cunhado, Richardson (in memoriam), que dedicou tempo para me ensinar quem é Deus e aceitá-Lo como único senhor e salvador da minha vida.

À todas as pessoas que de alguma forma fizeram parte dessa etapa do meu processo de crescimento espiritual, mesas que foram desfeitas e mesas que foram feitas, cada fase tem seu valor significante.

A você, mulher, que inicia hoje a sua jornada de crescimento espiritual e intimidade com Deus.

♥ *Apresentação* ♥

Devocional de Salmos Para Mulheres nasceu logo após eu terminar de ler o livro de Salmos pela primeira vez, do desejo de que todas as mulheres possam adorar e louvar Deus com muita intensidade.

Devido à minha profissão como professora e administradora, sempre estava nos meus projetos escrever um livro. E quando Deus me falou sobre o livro devocional, primeiro eu achei que era um livro somente para as mulheres da minha célula, comecei a escrever, dizendo que ficaria pronto em três dias, mas não foi assim que aconteceu, então o Senhor me revelou e eu entendi, era um livro profundo, para que mais mulheres pudessem conhecê-Lo através da adoração e louvor, a cada salmos eu mergulhava mais no meu processo, descobri que aqui, neste devocional, está o meu relacionamento com Deus, dia após dia, Deus me usou para sua obra.

Esta é uma obra de Deus, feita por escuta e obediência à vontade de Deus. Cada etapa do processo em busca de intimidade com Deus está em ordem crescente de Salmos.

Em *Devocional de Salmos Para Mulheres,* a mulher leitora iniciará sua trajetória de crescimento espiritual e intimidade profunda com Deus, dia após dia, é um processo contínuo, sendo desafiada a mudar sua relação com Deus e influenciar outras mulheres.

Resultado de uma busca constante pela presença de Deus e experiências cotidianas, escrito em cinco meses.

Aqui tem lágrimas, aflições, angústias, risos, alegrias e gratidão.

É para você, mulher. Eu orei para que você chegasse aqui e iniciasse esse processo de entrega à vontade de nosso Deus. O que Jesus fez comigo, eu quero dividir com você, desejo que este Devocional seja um canal de cura na sua vida e de outras mulheres.

Se você chegou até aqui, foi Deus quem te trouxe, porque Ele tem muito para lhe entregar, Ele planejou esse encontro!

Francilice Rodrigues

Francilice é amor, compaixão e cumplicidade. É uma mulher inspirada por Deus para escrever esse livro, ela colocou Jesus em cada página, orientações do Criador e orações dela para que mais mulheres sejam abençoadas. Eu garanto que quem ler cada página do que está escrito nesta primeira edição de várias que estão por vir, não irá se arrepender. Ela é mãe, ela é esposa, ela é filha. Ela é uma pessoa maravilhosa.

Roneydson Moreira
Esposo

Sabe aqueles presentes de Deus que você apenas descobre quando você entende de verdade o que é um presente? Pois é, esse presente é minha mãe, minha mãezinha querida que amo. A paixão que ela tem por Cristo é algo lindo de se ver, ler e escutar. Ela transparece do amor do Senhor em tudo o que faz. Você não apenas estará lendo um devocional de uma mulher qualquer. Você estará lendo um livro de alguém que busca a santidade de Cristo dia e noite! Que você desfrute da presença de Cristo através desse livro que minha mãe Francilice fez com muito amor e carinho, e que você seja apaixonada mais e mais por Cristo Jesus!

Victoria Rodrigues
Filha

Minha mãe é uma mulher muito forte que já passou dias e noites buscando a presença de Cristo. Cada dia que passa, ela tem mais vontade de que todos ao seu redor saibam o amor e o carinho que Deus tem por todos nós. Esse devocional não foi criado do dia para a noite, ela passou meses criando cada palavra, dedicando-se ao máximo ao que Deus quer falar para nós nesses 150 capítulos de Salmos. Tenho certeza de que neste livro você terá sede e fome da presença do Senhor e se tornará mais apaixonado pela sua presença.

Maria Clara Rodrigues
Filha

Eu te amo você, mamãe.

Elisa Rodrigues
Filha

AS
ORIENTAÇÕES

• LEITURA BÍBLICA

Leia o capítulo inteiro do livro de salmos sugerido em cada página, uma por dia, e as orientações sugeridas pela autora. Essas orientações lhe ajudarão no entendimento da palavra que o Senhor lhe entrega no dia.

• MEDITAÇÃO

Após a leitura, tenha um momento de meditação da palavra que lhe foi entregue, que você leu. Pare, silencie, dedique tempo e ouça a voz de Deus.

• ORAÇÃO

Use a palavra do dia e faça sua oração, lembre-se do que o Espírito Santo trouxe ao seu coração e fale com Deus.

DICAS

1. Tenha em mãos sua Bíblia;

2. Responda as perguntas do devocional no seu *Caderno Devocional*;

3. Reserve um horário, de preferência pela manhã cedinho, antes do café, caso não possa, faça em outro horário, mas não deixe de realizar. Comprometa-se;

4. Faça um jejum neste período;

5. Realize um dia de cada vez e seja constante, não pule dias e nem salmos, cada salmo trará e ajudará você

numa etapa do seu processo e isso é diário, entregue na porção certa do dia.

ENCONTROS

Você pode me encontrar nas minhas redes sociais e lá continuo compartilhando mais de Deus para edificar a sua vida.

@francerodrigues_

@francerodrigues

Quando comecei a escrever este devocional, percebi que é um lugar de encontro com Deus; é um tabernáculo construído com as orientações de Deus, é um lugar santo onde habita o Santíssimo. Somos a noiva esperando o noivo, para vivermos juntas novas perspectivas. Deixe Jesus rasgar o véu que separa você de Deus.

Dia 01   Data: __ /__ / __

*"Porque o SENHOR conhece o caminho dos justos, mas
o caminho dos ímpios perecerá." — **Salmos 1: 6***

Leitura de hoje: Abra a sua Bíblia e leia todo o Salmo 1.
Quero te pedir para ler mais de uma vez, na verdade, gostaria
que você fizesse essa leitura quantas vezes achar necessário.
Quero que você sinta a Palavra falar com você.
Depois da leitura, continue aqui e responda as perguntas, elas
irão lhe ajudar no entendimento da palavra do nosso Deus.

No seu Caderno Devocional:

- Escreva a palavra que mais chamou sua atenção.

- Relate tudo sobre o que o texto fala (locais, nomes, pessoas, datas, acontecimentos), pode ser em forma de tópicos também.

- Medite sobre o que o texto diz para você. Escute Deus falando sobre você, através de situações, momentos, emoções e sentimentos. Seja detalhista nos fatos.

- Ore sobre o que o texto te faz responder ao Senhor, depois escreva a sua oração. Converse com Deus, com suas palavras, do seu jeito, usando a sua linguagem. Lembre-se: Deus conhece você.

- Contemple o Senhor sobre tudo o que a Palavra fez em você. Louve-o pelo que Ele é, o que Ele faz e o que Ele fará. Depois escreva o seu compromisso em mudar algo que você precisa, para viver como a palavra nos convida a viver e a ser.

Oração

*Que possamos a cada dia caminhar nos propósitos de
Deus, para crescermos em intimidade com Sua palavra.*

Dia 02   Data: __ /__ / __

"Eu declararei o decreto; o SENHOR me disse: Tu és meu Filho; neste dia eu te gerei." — Salmos 2:7

Leitura de hoje: retorne à sua Bíblia e leia todo o Salmo 2.
Leia quantas vezes for necessário para ter entendimento
da Palavra. Caso se sinta confortável, leia em voz alta.
A palavra de hoje nos fala sobre DECLARAR.
Então, minha irmã, declare Deus agora na sua vida.
Depois da leitura, retorne aqui e responda as perguntas, para
te ajudarem no entendimento da Palavra do nosso Deus.

No seu Caderno Devocional:

- Escreva a palavra que mais chamou sua atenção.

- Relate tudo sobre o que o texto fala (locais, nomes, pessoas, datas, acontecimentos), pode ser em forma de tópicos também.

- Medite sobre o que o texto diz para você. Escute Deus falando sobre você, através de situações, momentos, emoções e sentimentos. Seja detalhista nos fatos.

- Ore sobre o que o texto te faz responder ao Senhor, depois escreva a sua oração. Converse com Deus, com suas palavras, do seu jeito, usando a sua linguagem. Lembre-se: Deus conhece você.

- Contemple o Senhor sobre tudo o que a Palavra fez em você. Louve-o pelo que Ele é, o que Ele faz e o que Ele fará. Depois escreva o seu compromisso em mudar algo que você precisa, para viver como a palavra nos convida a viver e a ser.

Oração

Que possamos servir ao Senhor em todas as nossas orações diárias. Tudo que façamos Deus estará conosco e buscaremos servi-lo como filhas Dele.

Dia 03   Data: __ /__ / __

*"Clamei ao SENHOR com a minha voz, e ele me
ouviu do seu santo monte."* **— Salmos 3:4**

Leitura reservada a você hoje: Salmo 3.
Leia três vezes o Salmo e leia também 2 Samuel 15.
Leia atenta e pausadamente este salmo.
Minha irmã hoje precisamos clamar ao Senhor.
Então, minha amiga, converse com Deus intimamente.
Depois da leitura, retorne aqui e responda as perguntas para
que ajudem no entendimento da Palavra do nosso Deus.

No seu Caderno Devocional:

- Escreva a palavra que mais chamou sua atenção.

- Relate tudo sobre o que o texto fala (locais, nomes, pessoas, datas, acontecimentos), pode ser em forma de tópicos também.

- Medite sobre o que o texto diz para você. Escute Deus falando sobre você, através de situações, momentos, emoções e sentimentos. Seja detalhista nos fatos.

- Ore sobre o que o texto te faz responder ao Senhor, depois escreva a sua oração. Converse com Deus, com suas palavras, do seu jeito, usando a sua linguagem. Lembre-se: Deus conhece você.

- Contemple o Senhor sobre tudo o que a Palavra fez em você. Louve-o pelo que Ele é, o que Ele faz e o que Ele fará. Depois escreva o seu compromisso em mudar algo que você precisa, para viver como a palavra nos convida a viver e a ser.

Oração

Clamo ao Senhor que nos leve a sermos íntimas Dele, que caia
sobre a terra tudo e todos que nos afastam do Senhor, e que com
sabedoria vinda Dele nos desviaremos das armadilhas de satanás.

Dia 04   Data: __ / __ / __

"Permanecei no temor e não pequeis; conversai com o vosso próprio coração sobre a vossa cama, e ficai quietos." — **Salmos 4:4**

Leitura de hoje: Salmo 4.
Leia quantas vezes você precisar para compreender.
Entone a sua voz, quando necessário, para
ouvir o salmo falando com você.
Minha irmãzinha, coloque-se no texto, isso gera intimidade.
Depois da leitura, retorne aqui e responda as perguntas para
lhe ajudarem no entendimento da palavra do nosso Deus.

No seu Caderno Devocional:

- Escreva a palavra que mais chamou sua atenção.

- Relate tudo sobre o que o texto fala (locais, nomes, pessoas, datas, acontecimentos), pode ser em forma de tópicos também.

- Medite sobre o que o texto diz para você. Escute Deus falando sobre você, através de situações, momentos, emoções e sentimentos. Seja detalhista nos fatos.

- Ore sobre o que o texto te faz responder ao Senhor, depois escreva a sua oração. Converse com Deus, com suas palavras, do seu jeito, usando a sua linguagem. Lembre-se: Deus conhece você.

- Contemple o Senhor sobre tudo o que a Palavra fez em você. Louve-o pelo que Ele é, o que Ele faz e o que Ele fará. Depois escreva o seu compromisso em mudar algo que você precisa, para viver como a palavra nos convida a viver e a ser.

Oração

Senhor, que eu e minha irmã possamos confiar que só Tu tens promessas em nossas vidas. Que possamos clamar e confiar, aguardar em Ti, Senhor.

Dia 05   Data: __ /__ / __

"Minha voz tu ouvirás de manhã, ó SENHOR; pela manhã direcionarei minha oração a ti, e olharei para cima." — **Salmos 5:3**

Leitura de hoje: Salmo 5.
Leia todo o Salmo, busque meditar versículo por versículo, leia pausadamente e em voz alta, se for confortável para você.
Eu convido você, minha irmã, a ler uma vez, andando pela sua casa, em todos os cômodos.
Depois da leitura dinâmica de hoje, retorne e responda seu devocional para que eu possa te ajudar no entendimento da palavra do nosso Deus..

No seu Caderno Devocional:

- Escreva a palavra que mais chamou sua atenção.

- Relate tudo sobre o que o texto fala (locais, nomes, pessoas, datas, acontecimentos), pode ser em forma de tópicos também.

- Medite sobre o que o texto diz para você. Escute Deus falando sobre você, através de situações, momentos, emoções e sentimentos. Seja detalhista nos fatos.

- Ore sobre o que o texto te faz responder ao Senhor, depois escreva a sua oração. Converse com Deus, com suas palavras, do seu jeito, usando a sua linguagem. Lembre-se: Deus conhece você.

- Contemple o Senhor sobre tudo o que a Palavra fez em você. Louve-o pelo que Ele é, o que Ele faz e o que Ele fará. Depois escreva o seu compromisso em mudar algo que você precisa, para viver como a palavra nos convida a viver e a ser.

Oração

Deus, Ó nosso Deus, clamo pela Tua bondade, que possamos acordar todas as manhãs Te exaltando pelo que és, por Teu cuidado de preparar o dia, a nossa casa e as nossas companhias

Dia 06   Data: __ / __ / __

"Retorna, ó SENHOR, liberta a minha alma; ó salva-me por causa das tuas misericórdias." — **Salmos 6:4**

Leitura de hoje: Abra sua Bíblia e leia todo o Salmo 6. Faça essa leitura buscando sua intimidade com o Senhor. Leia quantas vezes achar necessário, faça da palavra seu alimento, alimente-se até está saciada. Se possível, leia de joelhos, jogue-se aos pés do nosso Criador. Depois da leitura, retorne e responda seu devocional para que eu possa ajudar no entendimento da Palavra do nosso Deus.

No seu Caderno Devocional:

- Escreva a palavra que mais chamou sua atenção.

- Relate tudo sobre o que o texto fala (locais, nomes, pessoas, datas, acontecimentos), pode ser em forma de tópicos também.

- Medite sobre o que o texto diz para você. Escute Deus falando sobre você, através de situações, momentos, emoções e sentimentos. Seja detalhista nos fatos.

- Ore sobre o que o texto te faz responder ao Senhor, depois escreva a sua oração. Converse com Deus, com suas palavras, do seu jeito, usando a sua linguagem. Lembre-se: Deus conhece você.

- Contemple o Senhor sobre tudo o que a Palavra fez em você. Louve-o pelo que Ele é, o que Ele faz e o que Ele fará. Depois escreva o seu compromisso em mudar algo que você precisa, para viver como a palavra nos convida a viver e a ser.

Oração

Ó meu Senhor, tem misericórdia de mim, em todas as vezes que errei, que andei por outros caminhos, eu não Te conhecia, agora anseio a Tua presença, faz-me permanecer em Ti

Dia 07   Data: __ / __ / __

*"Minha defesa é de Deus, que salva o reto
de coração."* — **Salmos 7:10**

Leitura de hoje: Leia todo o Salmo 7.

Leia duas vezes e se coloque no lugar do autor.

Mulher, Deus quer que você confie tudo o que tem ao Senhor.

Deus tem grandes coisas para te confiar, minha irmã, confie.

Deixe que todos que estão a sua volta saibam que você
confia no Senhor, seu criador, seu rei e seu papai.

Depois da leitura, retorne e responda seu devocional para
que você entenda melhor a Palavra do nosso Deus.

No seu Caderno Devocional:

- Escreva a palavra que mais chamou sua atenção.

- Relate tudo sobre o que o texto fala (locais, nomes, pessoas, datas, acontecimentos), pode ser em forma de tópicos também.

- Medite sobre o que o texto diz para você. Escute Deus falando sobre você, através de situações, momentos, emoções e sentimentos. Seja detalhista nos fatos.

- Ore sobre o que o texto te faz responder ao Senhor, depois escreva a sua oração. Converse com Deus, com suas palavras, do seu jeito, usando a sua linguagem. Lembre-se: Deus conhece você.

- Contemple o Senhor sobre tudo o que a Palavra fez em você. Louve-o pelo que Ele é, o que Ele faz e o que Ele fará. Depois escreva o seu compromisso em mudar algo que você precisa, para viver como a palavra nos convida a viver e a ser.

Oração

Que possamos andar pelo caminho reto, o caminho indicado pelo nosso
Deus, para que possamos ser julgadas pelas nossas justiças, e que
essas justiças sigam de encontro com a vontade do nosso Senhor

Dia 08   Data: __ / __ / __

"Ó SENHOR, nosso Senhor, quão excelente é o teu nome em toda a terra!" **— Salmos 8:9**

Leitura de hoje: Leia o Salmo 8.

Realize essa leitura três vezes, para poder sentir que estará louvando o nosso Deus ao finalizar.

Neste salmo, sentimos o amor pelo que nosso Deus é, pelo que Ele fez para nós. Ele nos ama muito, fez tudo pensando no seu bem. Adore-o, ame-o, louve-o.

Depois da leitura de adoração, retorne e responda seu devocional e esteja mais íntima do nosso Senhor.

No seu Caderno Devocional:

- Escreva a palavra que mais chamou sua atenção.

- Relate tudo sobre o que o texto fala (locais, nomes, pessoas, datas, acontecimentos), pode ser em forma de tópicos também.

- Medite sobre o que o texto diz para você. Escute Deus falando sobre você, através de situações, momentos, emoções e sentimentos. Seja detalhista nos fatos.

- Ore sobre o que o texto te faz responder ao Senhor, depois escreva a sua oração. Converse com Deus, com suas palavras, do seu jeito, usando a sua linguagem. Lembre-se: Deus conhece você.

- Contemple o Senhor sobre tudo o que a Palavra fez em você. Louve-o pelo que Ele é, o que Ele faz e o que Ele fará. Depois escreva o seu compromisso em mudar algo que você precisa, para viver como a palavra nos convida a viver e a ser.

Oração

Senhor, Tu és tudo em nossas vidas, Tu fez tudo perfeito para nós, Tu és grande, Tu tens poder, Tu és excelente, só Teus planos são os melhores

Dia 09   Data: __ /__ / __

*"Eu te louvarei, ó SENHOR, com todo o meu coração; anunciarei todas as tuas obras maravilhosas." — **Salmos 9:1***

Leitura de hoje: Leia todo o Salmos 9.
Faça essa leitura em voz alta, cada versículo duas vezes.
Quanto mais louvamos a Deus, quanto mais exaltamos o Seu nome e quanto mais estivermos íntimas Dele, mais da Sua infinita graça será derramada em nós.
Depois da leitura realizada em forma de louvor, retorne e responda seu devocional e declare o seu amor por Deus com todo o seu coração.

No seu Caderno Devocional:

- Escreva a palavra que mais chamou sua atenção.

- Relate tudo sobre o que o texto fala (locais, nomes, pessoas, datas, acontecimentos), pode ser em forma de tópicos também.

- Medite sobre o que o texto diz para você. Escute Deus falando sobre você, através de situações, momentos, emoções e sentimentos. Seja detalhista nos fatos.

- Ore sobre o que o texto te faz responder ao Senhor, depois escreva a sua oração. Converse com Deus, com suas palavras, do seu jeito, usando a sua linguagem. Lembre-se: Deus conhece você.

- Contemple o Senhor sobre tudo o que a Palavra fez em você. Louve-o pelo que Ele é, o que Ele faz e o que Ele fará. Depois escreva o seu compromisso em mudar algo que você precisa, para viver como a palavra nos convida a viver e a ser.

Oração

Ó, Senhor, como eu te amo, eu te louvo, eu quero viver esse amor todos os dias da minha vida. Não me deixes desviar o coração

Dia 10   Data: __ /__ / __

> "Levanta-te, ó SENHOR. Ó Deus, levanta a tua mão;
> não te esqueças dos humildes." — **Salmos 10:12**

Leitura de hoje: Leia todo o Salmos 10.
Faça essa leitura refletindo em cada versículo.
Em muitos momentos achamos que Deus não está conosco, que Deus se esqueceu dos nossos problemas e das nossas aflições. Irmã, eu quero lembrar a você que nosso Deus está sempre perto. Nós é que só enxergamos nossos problemas e aflições. Depois da leitura, retorne e responda seu devocional e diga para Deus que quer Senti-lo mais do que seus problemas.

No seu Caderno Devocional:

- Escreva a palavra que mais chamou sua atenção.

- Relate tudo sobre o que o texto fala (locais, nomes, pessoas, datas, acontecimentos), pode ser em forma de tópicos também.

- Medite sobre o que o texto diz para você. Escute Deus falando sobre você, através de situações, momentos, emoções e sentimentos. Seja detalhista nos fatos.

- Ore sobre o que o texto te faz responder ao Senhor, depois escreva a sua oração. Converse com Deus, com suas palavras, do seu jeito, usando a sua linguagem. Lembre-se: Deus conhece você.

- Contemple o Senhor sobre tudo o que a Palavra fez em você. Louve-o pelo que Ele é, o que Ele faz e o que Ele fará. Depois escreva o seu compromisso em mudar algo que você precisa, para viver como a palavra nos convida a viver e a ser.

♥

Oração

Que possamos entender que estamos levando Deus conosco em todos os nossos caminhos, que possamos enxergar Deus agir, que nossa prioridade é Deus, Ele é Rei. Senhor, eu quero Te ver. Cuida, Senhor, da minha visão, da minha audição e da minha boca

Dia 11   Data: __ / __ / __

"Porque o justo SENHOR ama a justiça; o seu semblante contempla os retos." — **Salmos 11:7**

Leitura de hoje: Abra a sua Bíblia e leia todo o Salmos 11.
Quero pedir para que leia mais de uma vez,
quantas vezes achar necessário.
Quero que você sinta que confia no Senhor, sinta que pode confiar no Senhor. Durante o dia de hoje você será provada, então lembre-se: sua confiança deve estar no Senhor.
Depois da leitura, continue aqui e responda as perguntas, elas irão te ajudar no entendimento da palavra do nosso Deus.

No seu Caderno Devocional:

- Escreva a palavra que mais chamou sua atenção.

- Relate tudo sobre o que o texto fala (locais, nomes, pessoas, datas, acontecimentos), pode ser em forma de tópicos também.

- Medite sobre o que o texto diz para você. Escute Deus falando sobre você, através de situações, momentos, emoções e sentimentos. Seja detalhista nos fatos.

- Ore sobre o que o texto te faz responder ao Senhor, depois escreva a sua oração. Converse com Deus, com suas palavras, do seu jeito, usando a sua linguagem. Lembre-se: Deus conhece você.

- Contemple o Senhor sobre tudo o que a Palavra fez em você. Louve-o pelo que Ele é, o que Ele faz e o que Ele fará. Depois escreva o seu compromisso em mudar algo que você precisa, para viver como a palavra nos convida a viver e a ser.

Oração

Que eu sempre lembre que foi meu Deus que fez tudo, Ele sabe de tudo, a sua justiça é maior. Que possamos andar segundo os seus princípios e não temer, confiar que Sua justiça é maior que toda perversidade.

Dia 12   Data: __ /__ / __

"O SENHOR cortará fora todos os lábios lisonjeiros, e a língua que fala coisas orgulhosas" — **Salmos 12:3**

Leitura de hoje: com confiança, leia todo o Salmo 12.
Quero pedir para ler com calma duas vezes.
Hoje poderemos perceber Deus nos falando sobre
vaidade, orgulho, fofocas e insegurança.
Quero te convidar, minha amiga, a passar o dia, se possível,
sem falar. Medite na palavra durante todo o dia, caso não possa,
tire algumas horas, mas faça esse exercício de experiência.
Antes do exercício, responda as questões do seu devocional.

No seu Caderno Devocional:

- Escreva a palavra que mais chamou sua atenção.

- Relate tudo sobre o que o texto fala (locais, nomes, pessoas, datas, acontecimentos), pode ser em forma de tópicos também.

- Medite sobre o que o texto diz para você. Escute Deus falando sobre você, através de situações, momentos, emoções e sentimentos. Seja detalhista nos fatos.

- Ore sobre o que o texto te faz responder ao Senhor, depois escreva a sua oração. Converse com Deus, com suas palavras, do seu jeito, usando a sua linguagem. Lembre-se: Deus conhece você.

- Contemple o Senhor sobre tudo o que a Palavra fez em você. Louve-o pelo que Ele é, o que Ele faz e o que Ele fará. Depois escreva o seu compromisso em mudar algo que você precisa, para viver como a palavra nos convida a viver e a ser.

Oração

Que nosso socorro venha do Senhor, que possamos saber que só o nosso Deus tem palavras vivas para nós. Ele é quem fala e envia quem pode falar em seu nome. Que possamos estar em sua presença e entender que todas as opressões são resolvidas com a palavra do nosso Deus.

Dia 13   Data: __ /__ / __

*"Eu cantarei ao SENHOR porque ele me tratou
generosamente"* — **Salmos 13:6**

Leitura de hoje: leia todo o Salmo 13.
Gostaria de pedir para fazer essa leitura três vezes. Questione
Deus, como o autor faz na palavra, entone sua voz e questione.
Depois de questionar, pare e ouça o que Deus fala para você.
Já parou para pensar que nós mulheres
perguntamos e nós mesmas respondemos?
Pois bem, agora só pergunte e aguarde a resposta, ela virá.
Responda as questões do seu devocional, elas te guiarão.

No seu Caderno Devocional:

- Escreva a palavra que mais chamou sua atenção.

- Relate tudo sobre o que o texto fala (locais, nomes, pessoas, datas, acontecimentos), pode ser em forma de tópicos também.

- Medite sobre o que o texto diz para você. Escute Deus falando sobre você, através de situações, momentos, emoções e sentimentos. Seja detalhista nos fatos.

- Ore sobre o que o texto te faz responder ao Senhor, depois escreva a sua oração. Converse com Deus, com suas palavras, do seu jeito, usando a sua linguagem. Lembre-se: Deus conhece você.

- Contemple o Senhor sobre tudo o que a Palavra fez em você. Louve-o pelo que Ele é, o que Ele faz e o que Ele fará. Depois escreva o seu compromisso em mudar algo que você precisa, para viver como a palavra nos convida a viver e a ser.

Oração

Meu papai, que nós possamos parar para escutá-lo.
Que nas nossas inquietudes possamos nos lembrar
que o Senhor sempre tem as respostas certas

Dia 14   Data: __ / __ / __

> *"Ali estavam eles em grande temor; porque Deus está na geração do justo."* — **Salmos 14:5**

Leitura de hoje: leia todo o Salmo 14.
Faça essa leitura três vezes, uma delas em voz alta.
Minha irmã, no salmo de hoje, precisamos olhar para nós e para nossos irmãos como criaturas e filhas de Deus. Não há nada neste mundo que não possa se render aos pés do Senhor. Se agimos fora dos princípios do nosso Deus, devemos voltar a Ele e sua justiça será o nosso escudo. Depois da leitura, responda as questões do seu devocional.

No seu Caderno Devocional:

- Escreva a palavra que mais chamou sua atenção.

- Relate tudo sobre o que o texto fala (locais, nomes, pessoas, datas, acontecimentos), pode ser em forma de tópicos também.

- Medite sobre o que o texto diz para você. Escute Deus falando sobre você, através de situações, momentos, emoções e sentimentos. Seja detalhista nos fatos.

- Ore sobre o que o texto te faz responder ao Senhor, depois escreva a sua oração. Converse com Deus, com suas palavras, do seu jeito, usando a sua linguagem. Lembre-se: Deus conhece você.

- Contemple o Senhor sobre tudo o que a Palavra fez em você. Louve-o pelo que Ele é, o que Ele faz e o que Ele fará. Depois escreva o seu compromisso em mudar algo que você precisa, para viver como a palavra nos convida a viver e a ser.

♥

Oração

Meu Deus e meu Rei, rogo-te para que estejas conosco em todos os momentos e, se cairmos, levante-nos. Queremos ser testemunhas de devoção e amor

Dia 15   Data: __/__/__

"SENHOR, quem habitará no teu tabernáculo? Quem morará no teu santo monte?" — **Salmos 15:1**

Leitura de hoje: leia todo o Salmos 15.
Gostaria de te pedir para fazer essa leitura três vezes. Questione Deus, como o autor faz na palavra, entone sua voz e questione. Depois de questionar, pare e ouça o que Deus fala para você. Onde você está? Para onde você pretende ir? Deus está nos seus planos? Depois da leitura, retorne aqui e responda as questões do seu devocional, elas lhe deixarão mais próxima de Deus.

No seu Caderno Devocional:

- Escreva a palavra que mais chamou sua atenção.

- Relate tudo sobre o que o texto fala (locais, nomes, pessoas, datas, acontecimentos), pode ser em forma de tópicos também.

- Medite sobre o que o texto diz para você. Escute Deus falando sobre você, através de situações, momentos, emoções e sentimentos. Seja detalhista nos fatos.

- Ore sobre o que o texto te faz responder ao Senhor, depois escreva a sua oração. Converse com Deus, com suas palavras, do seu jeito, usando a sua linguagem. Lembre-se: Deus conhece você.

- Contemple o Senhor sobre tudo o que a Palavra fez em você. Louve-o pelo que Ele é, o que Ele faz e o que Ele fará. Depois escreva o seu compromisso em mudar algo que você precisa, para viver como a palavra nos convida a viver e a ser.

Oração

Senhor, que minha irmã, que faz esse devocional, possa Te sentir como eu sinto, Te desejar como eu desejo, assim habitaremos juntas na morada que Tu preparaste para nós.

Dia 16   Data: __ / __ / __

"Tenho posto o SENHOR sempre antes de mim; porque ele está à minha mão direita, eu não serei abalado." — Salmos 16:8

Leitura de hoje: leia todo o Salmo 16.
Gostaria de te pedir para fazer essa leitura com calma e atenção. Você já parou para pensar que, algumas vezes, pedimos algo do Senhor, mas não estamos no lugar certo e nem na hora certa? Minha irmã, olhe o que passou, os lugares onde esteve e veja se você estava vendo Deus lá. Depois da leitura, retorne aqui e responda as questões do seu devocional, elas farão você ver nosso Deus.

No seu Caderno Devocional:

- Escreva a palavra que mais chamou sua atenção.

- Relate tudo sobre o que o texto fala (locais, nomes, pessoas, datas, acontecimentos), pode ser em forma de tópicos também.

- Medite sobre o que o texto diz para você. Escute Deus falando sobre você, através de situações, momentos, emoções e sentimentos. Seja detalhista nos fatos.

- Ore sobre o que o texto te faz responder ao Senhor, depois escreva a sua oração. Converse com Deus, com suas palavras, do seu jeito, usando a sua linguagem. Lembre-se: Deus conhece você.

- Contemple o Senhor sobre tudo o que a Palavra fez em você. Louve-o pelo que Ele é, o que Ele faz e o que Ele fará. Depois escreva o seu compromisso em mudar algo que você precisa, para viver como a palavra nos convida a viver e a ser.

Oração

Deus bom, perfeito e agradável, nós queremos viver Tua bondade, Teus caminhos, Tuas veredas. Que nosso coração esteja alegre em Ti, presente em Ti, vivo em Ti

Dia 17   Data: __ /__ / __

"Guarda-me como a menina dos olhos; esconde-me debaixo da sombra das tuas asas" — **Salmos 17:8**

Leitura de hoje: leia todo o Salmo 17.
Gostaria de te pedir para fazer essa leitura duas vezes.
Clame o Senhor pelo entendimento da
Sua palavra, que é viva e atual.
A intimidade com nosso Senhor está crescendo em você, minha irmã. A cada dia que passa você pode sentir mais da presença. Ele está aí, juto a você, sempre.
Depois da leitura, retorne aqui e responda as questões.

No seu Caderno Devocional:

- Escreva a palavra que mais chamou sua atenção.

- Relate tudo sobre o que o texto fala (locais, nomes, pessoas, datas, acontecimentos), pode ser em forma de tópicos também.

- Medite sobre o que o texto diz para você. Escute Deus falando sobre você, através de situações, momentos, emoções e sentimentos. Seja detalhista nos fatos.

- Ore sobre o que o texto te faz responder ao Senhor, depois escreva a sua oração. Converse com Deus, com suas palavras, do seu jeito, usando a sua linguagem. Lembre-se: Deus conhece você.

- Contemple o Senhor sobre tudo o que a Palavra fez em você. Louve-o pelo que Ele é, o que Ele faz e o que Ele fará. Depois escreva o seu compromisso em mudar algo que você precisa, para viver como a palavra nos convida a viver e a ser.

♥

Oração

Meu Senhor e meu Deus, eu quero a Tua justiça na minha vida, quero que eu e minha irmã, que faz esse devocional, andemos na Tua presença sem cessar, e nisso confiamos à Tua fortaleza em nos guardar

Dia 18   Data: __ / __ / __

*"Quanto a Deus, seu caminho é perfeito; a palavra
do SENHOR é provada; ele é um broquel para todos
aqueles que nele confiam"* — **Salmos 18:30**

Leitura de hoje: abra sua Bíblia e leia todo o Salmo 18.
Leia pausadamente todo o texto e repita, de cada versículo,
a palavra que lhe dar força na fé em Deus, nosso Senhor.
Minha irmã, você é amada por Deus.
Persevere nesse encontro com Deus que você tem diariamente,
através do devocional sua intimidade está aumentando.
Estude também 1 Samuel 19.
Depois da leitura, retorne aqui e responda as questões.

No seu Caderno Devocional:

- Escreva a palavra que mais chamou sua atenção.

- Relate tudo sobre o que o texto fala (locais, nomes, pessoas, datas, acontecimentos), pode ser em forma de tópicos também.

- Medite sobre o que o texto diz para você. Escute Deus falando sobre você, através de situações, momentos, emoções e sentimentos. Seja detalhista nos fatos.

- Ore sobre o que o texto te faz responder ao Senhor, depois escreva a sua oração. Converse com Deus, com suas palavras, do seu jeito, usando a sua linguagem. Lembre-se: Deus conhece você.

- Contemple o Senhor sobre tudo o que a Palavra fez em você. Louve-o pelo que Ele é, o que Ele faz e o que Ele fará. Depois escreva o seu compromisso em mudar algo que você precisa, para viver como a palavra nos convida a viver e a ser.

♥

Oração

Senhor, nosso Deus, que possamos a cada dia, através da
Tua palavra, sermos salvas de nós mesmas e dos nossos
inimigos. Que eu conheça e tenha mais entendimento de Ti,
Senhor. Dai-nos sabedoria, entendimento e discernimento.

Dia 19   Data: __ /__ / __

"A lei do SENHOR é perfeita, convertendo a alma; o testemunho do SENHOR é certo, tornando sábio os simples." — **Salmos 19:7**

Leitura de hoje: leia todo o Salmo 19.
Leia com calma e no início de cada versículo fale seu nome.
A palavra de hoje nos converte. Ela converte
almas, torna o mais simples, sábio.
Minha irmã, faça dos seus dias e das suas noites, um verdadeiro lugar de adoração ao Senhor, buscando a sua verdade e a sua justiça.
Depois da leitura, retorne aqui e responda as questões.

No seu Caderno Devocional:

- Escreva a palavra que mais chamou sua atenção.
- Relate tudo sobre o que o texto fala (locais, nomes, pessoas, datas, acontecimentos), pode ser em forma de tópicos também.
- Medite sobre o que o texto diz para você. Escute Deus falando sobre você, através de situações, momentos, emoções e sentimentos. Seja detalhista nos fatos.
- Ore sobre o que o texto te faz responder ao Senhor, depois escreva a sua oração. Converse com Deus, com suas palavras, do seu jeito, usando a sua linguagem. Lembre-se: Deus conhece você.
- Contemple o Senhor sobre tudo o que a Palavra fez em você. Louve-o pelo que Ele é, o que Ele faz e o que Ele fará. Depois escreva o seu compromisso em mudar algo que você precisa, para viver como a palavra nos convida a viver e a ser.

Oração

Meu papai, eu quero te encontrar em cada dia, em cada noite, quero a sua presença nas minhas ações. Me guarda, Senhor, e guarda a minha irmã_____________, de todos os pecados que nos afastam de Ti.

(preencha a lacuna com o nome de uma irmã em Cristo que veio à sua memória)

Dia 20   Data: __ / __ / __

*"Conceda-te de acordo com o teu próprio coração,
e cumpra todo o teu conselho"* — **Salmos 20:4**

Leitura de hoje: leia todo o Salmo 20.
Leia com atenção e imagine que seja eu falando com você
em cada versículo. Assim será de melhor entendimento.
Hoje, minha amiga, o Senhor nos convida a orarmos umas
pelas outras. Gostaria de pedir que me inclua em sua oração.
Eu orei para que você estivesse aqui antes de começar
a escrever este livro e continuarei orando para
você alcançar todas as graças do nosso Deus.
Depois da leitura, retorne aqui e responda as questões.

No seu Caderno Devocional:

- Escreva a palavra que mais chamou sua atenção.

- Relate tudo sobre o que o texto fala (locais, nomes, pessoas, datas, acontecimentos), pode ser em forma de tópicos também.

- Medite sobre o que o texto diz para você. Escute Deus falando sobre você, através de situações, momentos, emoções e sentimentos. Seja detalhista nos fatos.

- Ore sobre o que o texto te faz responder ao Senhor, depois escreva a sua oração. Converse com Deus, com suas palavras, do seu jeito, usando a sua linguagem. Lembre-se: Deus conhece você.

- Contemple o Senhor sobre tudo o que a Palavra fez em você. Louve-o pelo que Ele é, o que Ele faz e o que Ele fará. Depois escreva o seu compromisso em mudar algo que você precisa, para viver como a palavra nos convida a viver e a ser.

Oração

Senhor, meu Deus, o amado do meu coração, Aquele que tudo pode,
quero te pedir que conceda graças à minha irmã que está fazendo
este devocional, que ela cresça e leve a Tua palavra para outras
mulheres, que ela seja a Tua luz para que outras venham a Te querer.

Dia 21   Data: __ /__ / __

"Sejas exaltado, SENHOR, em tua própria força; então cantaremos e louvaremos o teu poder" — **Salmos 21:13**

Leitura de hoje: retorne à sua Bíblia e leia o Salmo 21.
Gostaria de te pedir para fazer a leitura
quantas vezes achar necessário.
Este salmo fala sobre alegria, glória e bênção.
Você está alegre hoje? De que depende sua alegria?
Você dá glórias a Deus só nos momentos de felicidade?
Quantas pessoas você abençoou hoje?
Depois da leitura e reflexões, retorne aqui e responda as questões.

No seu Caderno Devocional:

- Escreva a palavra que mais chamou sua atenção.

- Relate tudo sobre o que o texto fala (locais, nomes, pessoas, datas, acontecimentos), pode ser em forma de tópicos também.

- Medite sobre o que o texto diz para você. Escute Deus falando sobre você, através de situações, momentos, emoções e sentimentos. Seja detalhista nos fatos.

- Ore sobre o que o texto te faz responder ao Senhor, depois escreva a sua oração. Converse com Deus, com suas palavras, do seu jeito, usando a sua linguagem. Lembre-se: Deus conhece você.

- Contemple o Senhor sobre tudo o que a Palavra fez em você. Louve-o pelo que Ele é, o que Ele faz e o que Ele fará. Depois escreva o seu compromisso em mudar algo que você precisa, para viver como a palavra nos convida a viver e a ser.

Oração

Senhor, eu quero te dar louvores de alegria por estarmos aqui, na Tua presença. Quero Te dar glórias por todos os momentos, até mesmo aqueles que me fizeram sofrer, pois eu cresci com eles. Quero Te dar glórias pelas mulheres abençoadas que colocastes na minha presença.

(ore pelas mulheres que vieram à sua memória, aquelas que te levaram para mais perto de Deus)

Dia 22   Data: __ / __ / __

"Todos os confins do mundo se lembrarão e se tornarão para o SENHOR; e todas as famílias das nações adorarão diante de ti" **— Salmos 22:27**

Leitura de hoje: leia todo o Salmo 22.
Faça essa leitura em voz alta, cada versículo duas vezes.
Nós mulheres somos as edificadoras do nosso lar. Deixaremos sementes para gerações.
Depois da leitura realizada, retorne e responda seu devocional e declare que você é geradora de sementes para Deus.

No seu Caderno Devocional:

- Escreva a palavra que mais chamou sua atenção.

- Relate tudo sobre o que o texto fala (locais, nomes, pessoas, datas, acontecimentos), pode ser em forma de tópicos também.

- Medite sobre o que o texto diz para você. Escute Deus falando sobre você, através de situações, momentos, emoções e sentimentos. Seja detalhista nos fatos.

- Ore sobre o que o texto te faz responder ao Senhor, depois escreva a sua oração. Converse com Deus, com suas palavras, do seu jeito, usando a sua linguagem. Lembre-se: Deus conhece você.

- Contemple o Senhor sobre tudo o que a Palavra fez em você. Louve-o pelo que Ele é, o que Ele faz e o que Ele fará. Depois escreva o seu compromisso em mudar algo que você precisa, para viver como a palavra nos convida a viver e a ser.

Oração

Declaramos que o Reino é do Senhor. Nós, mulheres, somos criadas para edificarmos a nossa casa, que deixemos Deus agir em nós, nas nossas atitudes e diálogos, que cresçamos em sabedoria.

Dia 23   Data: __ / __ / __

*"O SENHOR é meu pastor; nada me falta." — **Salmos 23:1***

Leitura de hoje: leia todo o Salmo 23.
Leia com adoração ao Senhor, nosso Deus, em cada versículo.
Gostaria de pedir para que você faça essa leitura cinco vezes.
Mulher, somos fortes no Senhor, não há tribulação na
qual o Senhor não nos sustente, só precisamos confiar.
Durante todo o dia, peça a Deus para entrar com você em
cada caminho que estará, em cada decisão que tomar. Pare.
Pergunte ao Senhor o que fazer. Escute o Senhor. E prossiga.
Depois da leitura, retorne aqui e responda as questões.

No seu Caderno Devocional:

- Escreva a palavra que mais chamou sua atenção.

- Relate tudo sobre o que o texto fala (locais, nomes, pessoas, datas, acontecimentos), pode ser em forma de tópicos também.

- Medite sobre o que o texto diz para você. Escute Deus falando sobre você, através de situações, momentos, emoções e sentimentos. Seja detalhista nos fatos.

- Ore sobre o que o texto te faz responder ao Senhor, depois escreva a sua oração. Converse com Deus, com suas palavras, do seu jeito, usando a sua linguagem. Lembre-se: Deus conhece você.

- Contemple o Senhor sobre tudo o que a Palavra fez em você. Louve-o pelo que Ele é, o que Ele faz e o que Ele fará. Depois escreva o seu compromisso em mudar algo que você precisa, para viver como a palavra nos convida a viver e a ser.

♥

Oração

Senhor, eu confio em Ti, Tu és meu guia, me pastoreia,
Senhor, e mesmo nos perigos, nas situações difíceis, eu
sei que Tu estarás comigo. Me ajuda a ser perseverante,
Senhor, restaura tudo em mim, que preciso de Ti.

Dia 24   Data: __ /__ / __

*"Esta é a geração daqueles que o buscam, que
buscam tua face, ó Jacó."* **— Salmos 24:6**

Leitura de hoje: leia todo o Salmo 24.
Leia três vezes o salmo pausadamente.
Gostaria de pedir para que você faça essa leitura contemplando
o céu, a natureza, procure está ao ar livre se possível.
Minha irmã, nós somos Eleitas do Senhor.
Você é amada por Deus. Ele está aqui com você.
Depois da leitura, retorne aqui e responda as
questões de intimidade com Deus.

No seu Caderno Devocional:

- Escreva a palavra que mais chamou sua atenção.

- Relate tudo sobre o que o texto fala (locais, nomes, pessoas, datas, acontecimentos), pode ser em forma de tópicos também.

- Medite sobre o que o texto diz para você. Escute Deus falando sobre você, através de situações, momentos, emoções e sentimentos. Seja detalhista nos fatos.

- Ore sobre o que o texto te faz responder ao Senhor, depois escreva a sua oração. Converse com Deus, com suas palavras, do seu jeito, usando a sua linguagem. Lembre-se: Deus conhece você.

- Contemple o Senhor sobre tudo o que a Palavra fez em você. Louve-o pelo que Ele é, o que Ele faz e o que Ele fará. Depois escreva o seu compromisso em mudar algo que você precisa, para viver como a palavra nos convida a viver e a ser.

♥

Oração

*Senhor, eu te amo, Tu és tudo pra mim, esteja
comigo de gerações em gerações, que possamos
influenciar outras gerações de mulheres.*

Dia 25   Data: __ /__ / __

*"O segredo do SENHOR está com aqueles que o temem;
e ele lhes mostrará seu pacto."* — **Salmos 25:14**

Leitura de hoje: leia todo o Salmo 25.
Faça a leitura com voz branda, eleve suas mãos,
renda-se em adoração a cada versículo.
Hoje, minha irmã, Deus nos fala que ele quer fazer morada em
nós, para proteger nossos corações, nossa mente, nossa alma.
Abra as portas da sua casa e convide Deus para entrar e
permanecer. Abra o seu coração e deixe Deus permanecer.
Depois da leitura, retorne aqui e responda as questões.

No seu Caderno Devocional:

- Escreva a palavra que mais chamou sua atenção.
- Relate tudo sobre o que o texto fala (locais, nomes, pessoas, datas, acontecimentos), pode ser em forma de tópicos também.
- Medite sobre o que o texto diz para você. Escute Deus falando sobre você, através de situações, momentos, emoções e sentimentos. Seja detalhista nos fatos.
- Ore sobre o que o texto te faz responder ao Senhor, depois escreva a sua oração. Converse com Deus, com suas palavras, do seu jeito, usando a sua linguagem. Lembre-se: Deus conhece você.
- Contemple o Senhor sobre tudo o que a Palavra fez em você. Louve-o pelo que Ele é, o que Ele faz e o que Ele fará. Depois escreva o seu compromisso em mudar algo que você precisa, para viver como a palavra nos convida a viver e a ser.

Oração

Deus, eu me abro a Ti, faz morada em mim, limpa toda a
minha mente, meu coração, minha alma, que o Teu Espírito
me guie. Entra, Senhor, na minha casa e faz com que todos
os que habitam nela sejam Teus. Aquieta a minha alma

Dia 26   Data: __ /__ / __

"Não sentei com pessoas vãs, nem ando
com os hipócritas." **— Salmos 26:4**

Leitura de hoje: abra a sua Bíblia e leia todo o Salmo 26.
Quero te pedir para que leia mais de uma
vez, na verdade, gostaria que você fizesse essa
leitura quantas vezes achar necessário.
Quero que você sinta a palavra falar com você.
Depois da leitura continue aqui e responda as perguntas, elas
irão lhe ajudar no entendimento da palavra do nosso Deus.

No seu Caderno Devocional:

- Escreva a palavra que mais chamou sua atenção.

- Relate tudo sobre o que o texto fala (locais, nomes, pessoas, datas, acontecimentos), pode ser em forma de tópicos também.

- Medite sobre o que o texto diz para você. Escute Deus falando sobre você, através de situações, momentos, emoções e sentimentos. Seja detalhista nos fatos.

- Ore sobre o que o texto te faz responder ao Senhor, depois escreva a sua oração. Converse com Deus, com suas palavras, do seu jeito, usando a sua linguagem. Lembre-se: Deus conhece você.

- Contemple o Senhor sobre tudo o que a Palavra fez em você. Louve-o pelo que Ele é, o que Ele faz e o que Ele fará. Depois escreva o seu compromisso em mudar algo que você precisa, para viver como a palavra nos convida a viver e a ser.

Oração

Que possamos andar pelos caminhos do Senhor,
estar com pessoas que edificam o nome do Senhor,
amigas que me levam para mais próximo de Ti.

Dia 27   Data: __ / __ / __

"O SENHOR é a minha luz e a minha salvação; a quem temerei? O SENHOR é a força da minha vida; de quem ficarei com medo?" — **Salmos 27:1**

Leitura de hoje: retorne a sua Bíblia e leia todo o Salmo 27. Leia quantas vezes for necessário para ter entendimento da palavra. Se estiver confortável para você, leia em voz alta.
A palavra de hoje nos fala sobre BUSCAR.
Então minha irmã, declare Deus agora na sua vida.
Depois da leitura retorne aqui e responda as perguntas para lhe ajudarem no entendimento da palavra do nosso Deus.

No seu Caderno Devocional:

- Escreva a palavra que mais chamou sua atenção.

- Relate tudo sobre o que o texto fala (locais, nomes, pessoas, datas, acontecimentos), pode ser em forma de tópicos também.

- Medite sobre o que o texto diz para você. Escute Deus falando sobre você, através de situações, momentos, emoções e sentimentos. Seja detalhista nos fatos.

- Ore sobre o que o texto te faz responder ao Senhor, depois escreva a sua oração. Converse com Deus, com suas palavras, do seu jeito, usando a sua linguagem. Lembre-se: Deus conhece você.

- Contemple o Senhor sobre tudo o que a Palavra fez em você. Louve-o pelo que Ele é, o que Ele faz e o que Ele fará. Depois escreva o seu compromisso em mudar algo que você precisa, para viver como a palavra nos convida a viver e a ser.

Oração

Que possamos esperar no Senhor, sermos calmas e pacientes, sermos corajosas e obedientes. Que possamos ser luz na vida de outras mulheres

Dia 28   Data: __ / __ / __

"O SENHOR é a sua força, e ele é a força salvadora do seu ungido." — Salmos 28:8

Leitura reservada a você hoje: Salmo 28.
Leia três vezes o Salmo. Lembre-se que é você clamando.
Leia atenta e pausadamente a este salmo.
Minha irmã, precisamos ser ungidas do Senhor.
Então minha amiga converse com Deus intimamente.
Depois da leitura retorne aqui e responda as perguntas para lhe ajudarem no entendimento da palavra do nosso Deus.

No seu Caderno Devocional:

- Escreva a palavra que mais chamou sua atenção.

- Relate tudo sobre o que o texto fala (locais, nomes, pessoas, datas, acontecimentos), pode ser em forma de tópicos também.

- Medite sobre o que o texto diz para você. Escute Deus falando sobre você, através de situações, momentos, emoções e sentimentos. Seja detalhista nos fatos.

- Ore sobre o que o texto te faz responder ao Senhor, depois escreva a sua oração. Converse com Deus, com suas palavras, do seu jeito, usando a sua linguagem. Lembre-se: Deus conhece você.

- Contemple o Senhor sobre tudo o que a Palavra fez em você. Louve-o pelo que Ele é, o que Ele faz e o que Ele fará. Depois escreva o seu compromisso em mudar algo que você precisa, para viver como a palavra nos convida a viver e a ser.

Oração

Clamo ao Senhor que nos leve a sermos íntimas Dele, que confiemos a nossa força Nele. Quanto mais clamo, com mais merecimento serei retribuída. Senhor Tu és o meu salvador.

Dia 29   Data: __ /__ / __

"Dai ao SENHOR a glória devida ao seu nome; adorai
o SENHOR na beleza da santidade." — **Salmos 29:2**

Leitura de hoje: Salmo 29.
Leia quantas vezes você precisar para compreender.
Entone a sua voz quando necessário para
que ouça o Salmo falando com você.
Minha irmãzinha, coloque-se no texto, isso gera intimidade.
Depois da leitura retorne aqui e responda as perguntas para
lhe ajudarem no entendimento da palavra do nosso Deus.

No seu Caderno Devocional:

- Escreva a palavra que mais chamou sua atenção.

- Relate tudo sobre o que o texto fala (locais, nomes, pessoas, datas, acontecimentos), pode ser em forma de tópicos também.

- Medite sobre o que o texto diz para você. Escute Deus falando sobre você, através de situações, momentos, emoções e sentimentos. Seja detalhista nos fatos.

- Ore sobre o que o texto te faz responder ao Senhor, depois escreva a sua oração. Converse com Deus, com suas palavras, do seu jeito, usando a sua linguagem. Lembre-se: Deus conhece você.

- Contemple o Senhor sobre tudo o que a Palavra fez em você. Louve-o pelo que Ele é, o que Ele faz e o que Ele fará. Depois escreva o seu compromisso em mudar algo que você precisa, para viver como a palavra nos convida a viver e a ser.

Oração

Senhor, que eu e minha irmã possamos adorá-Lo e glorificá-Lo por todo o tempo. Senhor, que eu seja uma adoradora, porque quanto mais adorar, mais íntima de Ti me tornarei e mais santa serei.

Dia 30   Data: __ / __ / __

*"Ó SENHOR, meu Deus, eu clamei a ti e
tu me curaste." — Salmos 30:2*

Leitura de hoje: Salmo 30.
Leia todo o Salmo, busque meditar versículo por versículo, leia
pausadamente e em voz alta, se for confortável para você.
Eu convido você, minha irmã, a ler uma vez dizendo:
EU CREIO, no início de cada versículo.
Depois da leitura dinâmica de hoje, retorne e
responda seu devocional para que eu possa lhe ajudar
no entendimento da palavra do nosso Deus.

No seu Caderno Devocional:

- Escreva a palavra que mais chamou sua atenção.

- Relate tudo sobre o que o texto fala (locais, nomes, pessoas, datas, acontecimentos), pode ser em forma de tópicos também.

- Medite sobre o que o texto diz para você. Escute Deus falando sobre você, através de situações, momentos, emoções e sentimentos. Seja detalhista nos fatos.

- Ore sobre o que o texto te faz responder ao Senhor, depois escreva a sua oração. Converse com Deus, com suas palavras, do seu jeito, usando a sua linguagem. Lembre-se: Deus conhece você.

- Contemple o Senhor sobre tudo o que a Palavra fez em você. Louve-o pelo que Ele é, o que Ele faz e o que Ele fará. Depois escreva o seu compromisso em mudar algo que você precisa, para viver como a palavra nos convida a viver e a ser.

Oração

*Deus, oh nosso Deus, que possamos entender que a dor
é passageira, depois de um dia ruim, Tu nos dás outra
oportunidade de termos um dia bom. Enche-nos, Senhor,
porque quando estou Contigo, sou transformada.*

Dia 31   Data: __ /__ / __

*"Na tua mão eu entrego o meu espírito; tu me redimiste,
ó SENHOR Deus da verdade."* — **Salmos 31:5**

Leitura de hoje: abra sua Bíblia e leia todo o Salmo 31.
Faça essa leitura clamando o Senhor.
Leia quantas vezes achar necessário, faça da palavra
seu alimento, alimente-se até está saciada.
Medite sobre o que realmente são as verdades da sua vida.
Responda AMÉM às vontades de Deus.
Depois da leitura, retorne e responda seu devocional para que eu
possa lhe ajudar no entendimento da palavra do nosso Deus.

No seu Caderno Devocional:

- Escreva a palavra que mais chamou sua atenção.

- Relate tudo sobre o que o texto fala (locais, nomes, pessoas, datas, acontecimentos), pode ser em forma de tópicos também.

- Medite sobre o que o texto diz para você. Escute Deus falando sobre você, através de situações, momentos, emoções e sentimentos. Seja detalhista nos fatos.

- Ore sobre o que o texto te faz responder ao Senhor, depois escreva a sua oração. Converse com Deus, com suas palavras, do seu jeito, usando a sua linguagem. Lembre-se: Deus conhece você.

- Contemple o Senhor sobre tudo o que a Palavra fez em você. Louve-o pelo que Ele é, o que Ele faz e o que Ele fará. Depois escreva o seu compromisso em mudar algo que você precisa, para viver como a palavra nos convida a viver e a ser.

Oração

Oro para que o Senhor nosso Deus seja o seu Deus, o Deus da verdade.
Oro para que Deus reine em você. Oro para que você entenda que
Deus tem as melhores verdades de vida para você caminhar. Amém!

Dia 32   Data: __ /__ / __

"Haverá muita tristeza para o perverso, mas aquele que confia
no SENHOR, a misericórdia o cercará." — **Salmos 32:10**

Leitura de hoje: leia todo o Salmo 32.
Leia duas vezes e coloque-se no lugar do autor.
Mulher, Deus quer que você confie tudo o que tens no Senhor.
Deus irá cumprir todas as promessas, minha irmã, confie.
Profetize sobre a sua vida, deixe seu coração, mente e alma
cheias de Deus, você receberá a sua herança de filha.
Depois da leitura, retorne e responda seu devocional para
que você entenda melhor a palavra do nosso Deus.

No seu Caderno Devocional:

- Escreva a palavra que mais chamou sua atenção.

- Relate tudo sobre o que o texto fala (locais, nomes, pessoas, datas, acontecimentos), pode ser em forma de tópicos também.

- Medite sobre o que o texto diz para você. Escute Deus falando sobre você, através de situações, momentos, emoções e sentimentos. Seja detalhista nos fatos.

- Ore sobre o que o texto te faz responder ao Senhor, depois escreva a sua oração. Converse com Deus, com suas palavras, do seu jeito, usando a sua linguagem. Lembre-se: Deus conhece você.

- Contemple o Senhor sobre tudo o que a Palavra fez em você. Louve-o pelo que Ele é, o que Ele faz e o que Ele fará. Depois escreva o seu compromisso em mudar algo que você precisa, para viver como a palavra nos convida a viver e a ser.

Oração

Eu profetizo, em nome de Jesus, que você andará sempre nos caminhos
de princípios do nosso Deus, que você, minha irmã, levará a Palavra de
Deus para sua casa, para o convívio de todos os que estão a sua volta.

Dia 33   Data: __ /__ / __

*"Louvai ao SENHOR com harpa; cantai a ele com saltério
e com um instrumento de dez cordas." — **Salmos 33:2***

Leitura de hoje: leia o Salmo 33.
Realize essa leitura duas vezes, para que possas sentir
as verdades de Deus. Dê o seu melhor ao Senhor.
Neste salmo sentimos que precisamos fazer tudo que há
de melhor para o nosso Senhor, para o reino Dele.
Leia também 2 Samuel 6
Depois da leitura, retorne e responda seu devocional
e esteja mais íntima do nosso Senhor.

No seu Caderno Devocional:

- Escreva a palavra que mais chamou sua atenção.

- Relate tudo sobre o que o texto fala (locais, nomes, pessoas, datas, acontecimentos), pode ser em forma de tópicos também.

- Medite sobre o que o texto diz para você. Escute Deus falando sobre você, através de situações, momentos, emoções e sentimentos. Seja detalhista nos fatos.

- Ore sobre o que o texto te faz responder ao Senhor, depois escreva a sua oração. Converse com Deus, com suas palavras, do seu jeito, usando a sua linguagem. Lembre-se: Deus conhece você.

- Contemple o Senhor sobre tudo o que a Palavra fez em você. Louve-o pelo que Ele é, o que Ele faz e o que Ele fará. Depois escreva o seu compromisso em mudar algo que você precisa, para viver como a palavra nos convida a viver e a ser.

Oração

*Senhor, que possamos sempre sentir a vontade de fazer
a melhor adoração, o melhor louvor, o melhor cântico.*

Dia 34   Data: __ / __ / __

"Eu bendirei ao SENHOR em todo o tempo; seu louvor estará continuamente na minha boca." — **Salmos 34:1**

Leitura de hoje: leia todo o Salmo 34.
Faça essa leitura em voz alta pausadamente.
Quanto mais louvamos a Deus, mais teremos palavras
de vida em nossa mente, alma e coração.
O que você tem falado? Você tem dito
palavras de vida para quem a cerca?
Depois da leitura realizada, retorne e responda seu devocional
e declare o seu amor por Deus com todo o seu coração.

No seu Caderno Devocional:

- Escreva a palavra que mais chamou sua atenção.

- Relate tudo sobre o que o texto fala (locais, nomes, pessoas, datas, acontecimentos), pode ser em forma de tópicos também.

- Medite sobre o que o texto diz para você. Escute Deus falando sobre você, através de situações, momentos, emoções e sentimentos. Seja detalhista nos fatos.

- Ore sobre o que o texto te faz responder ao Senhor, depois escreva a sua oração. Converse com Deus, com suas palavras, do seu jeito, usando a sua linguagem. Lembre-se: Deus conhece você.

- Contemple o Senhor sobre tudo o que a Palavra fez em você. Louve-o pelo que Ele é, o que Ele faz e o que Ele fará. Depois escreva o seu compromisso em mudar algo que você precisa, para viver como a palavra nos convida a viver e a ser.

Oração

Senhor, que possamos te procurar todos os dias, estudar a Tua palavra, para Te conhecer mais, entender Teu propósito em nossa vida e assim conseguir ter palavras de sabedoria para quem precisa.

Dia 35   Data: __ /__ / __

"Julga-me, ó SENHOR meu Deus, de acordo com a tua justiça; e não deixes que eles se regozijem sobre mim." — **Salmos 35:24**

Leitura de hoje: leia todo o Salmo 35.
Faça essa leitura refletindo em cada versículo.
Em muitos momentos, achamos que Deus não está conosco, que Deus esqueceu dos nossos problemas, das nossas aflições. Irmã, eu quero lembrar a você que nosso Deus está sempre perto. Clame a Ele sobre as mazelas dos nossos inimigos. Depois da leitura, retorne e responda seu devocional e diga para Deus que quer senti-lo.

No seu Caderno Devocional:

- Escreva a palavra que mais chamou sua atenção.

- Relate tudo sobre o que o texto fala (locais, nomes, pessoas, datas, acontecimentos), pode ser em forma de tópicos também.

- Medite sobre o que o texto diz para você. Escute Deus falando sobre você, através de situações, momentos, emoções e sentimentos. Seja detalhista nos fatos.

- Ore sobre o que o texto te faz responder ao Senhor, depois escreva a sua oração. Converse com Deus, com suas palavras, do seu jeito, usando a sua linguagem. Lembre-se: Deus conhece você.

- Contemple o Senhor sobre tudo o que a Palavra fez em você. Louve-o pelo que Ele é, o que Ele faz e o que Ele fará. Depois escreva o seu compromisso em mudar algo que você precisa, para viver como a palavra nos convida a viver e a ser.

Oração

Meu Deus e meu Senhor, que eu não caia nas armadilhas do inimigo, que eu consiga entender as estratégias que meu inimigo quer usar contra mim. Mas se eu cair, me levanta, Senhor.

Dia 36   Data: __ /__ / __

*"Porque contigo está a fonte da vida; em tua
luz veremos a luz."* — **Salmos 36:9**

Leitura de hoje: abra a sua Bíblia e leia todo o Salmo 36.
Quero pedir para ler, mais de uma vez,
quantas vezes achar necessário.
Quem tem sido luz de Deus na sua vida?
E você, tem sido luz de Deus na vida de outras mulheres?
Te convido a ligar para uma mulher e transmitir a luz de Deus
na vida dela através de uma palavra do salmo de hoje.
Depois da leitura, continue aqui e responda as perguntas, elas
irão ajudar no entendimento da Palavra do nosso Deus.

No seu Caderno Devocional:

- Escreva a palavra que mais chamou sua atenção.

- Relate tudo sobre o que o texto fala (locais, nomes, pessoas, datas, acontecimentos), pode ser em forma de tópicos também.

- Medite sobre o que o texto diz para você. Escute Deus falando sobre você, através de situações, momentos, emoções e sentimentos. Seja detalhista nos fatos.

- Ore sobre o que o texto te faz responder ao Senhor, depois escreva a sua oração. Converse com Deus, com suas palavras, do seu jeito, usando a sua linguagem. Lembre-se: Deus conhece você.

- Contemple o Senhor sobre tudo o que a Palavra fez em você. Louve-o pelo que Ele é, o que Ele faz e o que Ele fará. Depois escreva o seu compromisso em mudar algo que você precisa, para viver como a palavra nos convida a viver e a ser.

Oração

Senhor, que a Tua luz me ilumine e que eu possa transmitir a
Tua luz para outras mulheres. Hoje quero orar especialmente
pela vida da minha irmã em Cristo ___________
(escreva o nome da irmã que veio em seu coração e faça sua oração por ela)

Dia 37   Data: __ /__ / __

*"Afasta-te do mal e faz o bem, e habitarás
para sempre." — **Salmos 37:27***

Leitura de hoje: com confiança, leia todo o Salmo 37.
Quero te pedir para ler com calma em um ambiente silencioso,
é uma leitura demorada, seja cuidadosa na atenção.
Hoje percebemos Deus nos dizendo sobre conhecer o mal.
Quero te convidar, minha amiga, a escrever tudo
o que fez e analise quão próximo o mal esteve
de você (coisas, pessoas, sentimentos)
Antes do exercício, responda as questões do seu devocional.

No seu Caderno Devocional:

- Escreva a palavra que mais chamou sua atenção.

- Relate tudo sobre o que o texto fala (locais, nomes, pessoas, datas, acontecimentos), pode ser em forma de tópicos também.

- Medite sobre o que o texto diz para você. Escute Deus falando sobre você, através de situações, momentos, emoções e sentimentos. Seja detalhista nos fatos.

- Ore sobre o que o texto te faz responder ao Senhor, depois escreva a sua oração. Converse com Deus, com suas palavras, do seu jeito, usando a sua linguagem. Lembre-se: Deus conhece você.

- Contemple o Senhor sobre tudo o que a Palavra fez em você. Louve-o pelo que Ele é, o que Ele faz e o que Ele fará. Depois escreva o seu compromisso em mudar algo que você precisa, para viver como a palavra nos convida a viver e a ser.

Oração

*Que nossa salvação venha do Senhor. Que a justiça do Senhor
esteja em nós. Afasta de nós, ó, Senhor, todo o mal.*

Dia 38   Data: __ /__ / __

"Senhor, todo o meu desejo está diante de ti, e o meu gemido não é escondido de ti." — **Salmos 38:9**

Leitura de hoje: leia todo o Salmo 38.
Gostaria de te pedir para fazer essa leitura duas vezes.
Deseje Deus em você, deseje agora mesmo
Deus lendo a palavra com você.
Nós conseguimos desejar muitas coisas, mas o que
você está desejando é o que realmente necessita?
Pois bem, agora só pergunte e aguarde a resposta, ela virá.
Responda as questões do seu devocional elas te guiarão.

No seu Caderno Devocional:

- Escreva a palavra que mais chamou sua atenção.

- Relate tudo sobre o que o texto fala (locais, nomes, pessoas, datas, acontecimentos), pode ser em forma de tópicos também.

- Medite sobre o que o texto diz para você. Escute Deus falando sobre você, através de situações, momentos, emoções e sentimentos. Seja detalhista nos fatos.

- Ore sobre o que o texto te faz responder ao Senhor, depois escreva a sua oração. Converse com Deus, com suas palavras, do seu jeito, usando a sua linguagem. Lembre-se: Deus conhece você.

- Contemple o Senhor sobre tudo o que a Palavra fez em você. Louve-o pelo que Ele é, o que Ele faz e o que Ele fará. Depois escreva o seu compromisso em mudar algo que você precisa, para viver como a palavra nos convida a viver e a ser.

Oração

Meu Senhor e meu Rei, eu Te desejo, eu quero
viver os Teus planos, age em mim. Que meus
desejos sejam a Tua vontade em minha vida.

Dia 39   Data: __ / __ / __

"E agora, Senhor, pelo que espero? Minha
esperança está em ti." — **Salmos 39:7**

Leitura de hoje: leia todo o Salmo 39.
Faça essa leitura em voz alta, se possível.
Minha irmã, o salmo de hoje nos diz sobre esperança.
Confiar, desejar e ter fé no nosso Senhor, traz a
esperança que todas as promessas irão se cumprir.
Continue perseverante no seu devocional, sua intimidade
está crescendo e a esperança está em ti minha irmã. Agora,
responda as questões do seu devocional com alegria.

No seu Caderno Devocional:

- Escreva a palavra que mais chamou sua atenção.
- Relate tudo sobre o que o texto fala (locais, nomes, pessoas, datas, acontecimentos), pode ser em forma de tópicos também.
- Medite sobre o que o texto diz para você. Escute Deus falando sobre você, através de situações, momentos, emoções e sentimentos. Seja detalhista nos fatos.
- Ore sobre o que o texto te faz responder ao Senhor, depois escreva a sua oração. Converse com Deus, com suas palavras, do seu jeito, usando a sua linguagem. Lembre-se: Deus conhece você.
- Contemple o Senhor sobre tudo o que a Palavra fez em você. Louve-o pelo que Ele é, o que Ele faz e o que Ele fará. Depois escreva o seu compromisso em mudar algo que você precisa, para viver como a palavra nos convida a viver e a ser.

Oração

A minha esperança vem do meu Senhor, meu salvador.
Senhor, que a Tua palavra seja apresentada a mim
todos os dias, para que eu o conheça mais.

Dia 40   Data: __ /__ / __

"Eu esperei pacientemente pelo SENHOR, e ele se inclinou
para mim, e ouviu o meu clamor." — **Salmos 40:1**

Leitura de hoje: leia todo o Salmo 40.
Gostaria de lhe pedir para fazer essa leitura pausadamente.
Medite sobre essas perguntas: Você é paciente?
Você ora e já quer as respostas de oração venham de imediato?
No estudo de hoje precisamos aprender sobre ESPERAR.
Depois da leitura, retorne aqui e responda as questões do
seu devocional, elas lhe deixarão mais próxima de Deus.

No seu Caderno Devocional:

- Escreva a palavra que mais chamou sua atenção.

- Relate tudo sobre o que o texto fala (locais, nomes, pessoas, datas, acontecimentos), pode ser em forma de tópicos também.

- Medite sobre o que o texto diz para você. Escute Deus falando sobre você, através de situações, momentos, emoções e sentimentos. Seja detalhista nos fatos.

- Ore sobre o que o texto te faz responder ao Senhor, depois escreva a sua oração. Converse com Deus, com suas palavras, do seu jeito, usando a sua linguagem. Lembre-se: Deus conhece você.

- Contemple o Senhor sobre tudo o que a Palavra fez em você. Louve-o pelo que Ele é, o que Ele faz e o que Ele fará. Depois escreva o seu compromisso em mudar algo que você precisa, para viver como a palavra nos convida a viver e a ser.

Oração

Senhor, que eu possa esperar em Ti, que eu clame,
que eu ore, que eu louve a Tua bondade, e depois
eu possa esperar que a Tua vontade prevaleça

Dia 41   Data: __ /__ / __

"Por isso eu sei que tu me favoreces, porque meu inimigo não triunfa sobre mim." — **Salmos 41:11**

Leitura de hoje: leia todo o Salmo 41.
Gostaria de te pedir para fazer essa leitura com calma e atenção.
Você já parou para pensar que precisamos ter cuidado com quem nos relacionamos, com quem contamos nossa história?
O inimigo muitas vezes não tem aspecto feio ou palavras grossas.
Nós mulheres, precisamos saber quem pode nos ouvir.
Depois da leitura, retorne aqui e responda as questões do seu devocional, elas farão você ver nosso Deus.

No seu Caderno Devocional:

- Escreva a palavra que mais chamou sua atenção.

- Relate tudo sobre o que o texto fala (locais, nomes, pessoas, datas, acontecimentos), pode ser em forma de tópicos também.

- Medite sobre o que o texto diz para você. Escute Deus falando sobre você, através de situações, momentos, emoções e sentimentos. Seja detalhista nos fatos.

- Ore sobre o que o texto te faz responder ao Senhor, depois escreva a sua oração. Converse com Deus, com suas palavras, do seu jeito, usando a sua linguagem. Lembre-se: Deus conhece você.

- Contemple o Senhor sobre tudo o que a Palavra fez em você. Louve-o pelo que Ele é, o que Ele faz e o que Ele fará. Depois escreva o seu compromisso em mudar algo que você precisa, para viver como a palavra nos convida a viver e a ser.

Oração

Meu Deus, proteja-nos das armadilhas do mundo, dos encantos falsos, das palavras mal ditas, Senhor esteja conosco nas nossas amizades, me leve até aquelas mulheres que Te trazem para perto de mim.

Dia 42   Data: __ / __ / __

*"Minhas lágrimas têm sido o meu alimento dia
e noite, enquanto eles continuamente dizem para
mim: Onde está o teu Deus?"* — **Salmos 42:3**

Leitura de hoje: leia todo o Salmo 42.
Gostaria de te pedir para fazer essa leitura duas vezes.
Minha amiga, lembre-se que nos seus momentos mais difíceis o Senhor esteve, está e estará ao seu lado, muitos não conseguem vê-Lo ou senti-Lo. Quando questionarem onde está o seu Deus, responda sem dúvidas. É aqui que levaremos a luz Dele.
Depois da leitura, retorne aqui e responda as questões.

No seu Caderno Devocional:

- Escreva a palavra que mais chamou sua atenção.

- Relate tudo sobre o que o texto fala (locais, nomes, pessoas, datas, acontecimentos), pode ser em forma de tópicos também.

- Medite sobre o que o texto diz para você. Escute Deus falando sobre você, através de situações, momentos, emoções e sentimentos. Seja detalhista nos fatos.

- Ore sobre o que o texto te faz responder ao Senhor, depois escreva a sua oração. Converse com Deus, com suas palavras, do seu jeito, usando a sua linguagem. Lembre-se: Deus conhece você.

- Contemple o Senhor sobre tudo o que a Palavra fez em você. Louve-o pelo que Ele é, o que Ele faz e o que Ele fará. Depois escreva o seu compromisso em mudar algo que você precisa, para viver como a palavra nos convida a viver e a ser.

♥

Oração

Papai amado, que eu nunca duvide da Tua presença, mesmo em silêncio eu sei que cuida de nós. Que eu me lembre de Ti no meu sofrimento e quando questionada pela Tua existência eu tenha a sabedoria de Ti levar para quem não vê a Ti.

Dia 43   Data: __ /__ / __

"Ó, envia a tua luz e a tua verdade; que elas me guiem, que elas me tragam ao teu santo monte, e aos teus tabernáculos." — **Salmos 43:3**

Leitura de hoje: abra sua Bíblia e leia todo o Salmo 43.
Leia pausadamente todo o texto e repita, de cada versículo, a palavra que mais lhe dar força.
Minha irmã, você é amada por Deus.
Persevere nesse encontro com Deus que você tem todos os dias, através do devocional sua intimidade está aumentando.
A luz do Senhor te alcança mulher e a Sua verdade te guia.
Depois da leitura, retorne aqui e responda as questões.

No seu Caderno Devocional:

- Escreva a palavra que mais chamou sua atenção.

- Relate tudo sobre o que o texto fala (locais, nomes, pessoas, datas, acontecimentos), pode ser em forma de tópicos também.

- Medite sobre o que o texto diz para você. Escute Deus falando sobre você, através de situações, momentos, emoções e sentimentos. Seja detalhista nos fatos.

- Ore sobre o que o texto te faz responder ao Senhor, depois escreva a sua oração. Converse com Deus, com suas palavras, do seu jeito, usando a sua linguagem. Lembre-se: Deus conhece você.

- Contemple o Senhor sobre tudo o que a Palavra fez em você. Louve-o pelo que Ele é, o que Ele faz e o que Ele fará. Depois escreva o seu compromisso em mudar algo que você precisa, para viver como a palavra nos convida a viver e a ser.

Oração

Senhor, meu Deus, eu oro para que minha irmã de devocional seja luz para outras mulheres e alcance a Tua verdade durante sua caminhada.

Dia 44   Data: __ /__ / __

"Em Deus nos vangloriamos por todo o dia, e louvamos
o teu nome para sempre" — **Salmos 44:8**

Leitura de hoje: leia todo o Salmo 44.
Leia com calma e no início de cada versículo fale os nossos nomes.
A palavra de hoje nos diz sobre satisfação de andar com nosso Senhor
mesmo se somos apedrejadas, envergonhadas e tidas como loucas.
Depois da leitura, retorne aqui e responda as questões.

No seu Caderno Devocional:

- Escreva a palavra que mais chamou sua atenção.

- Relate tudo sobre o que o texto fala (locais, nomes, pessoas, datas, acontecimentos), pode ser em forma de tópicos também.

- Medite sobre o que o texto diz para você. Escute Deus falando sobre você, através de situações, momentos, emoções e sentimentos. Seja detalhista nos fatos.

- Ore sobre o que o texto te faz responder ao Senhor, depois escreva a sua oração. Converse com Deus, com suas palavras, do seu jeito, usando a sua linguagem. Lembre-se: Deus conhece você.

- Contemple o Senhor sobre tudo o que a Palavra fez em você. Louve-o pelo que Ele é, o que Ele faz e o que Ele fará. Depois escreva o seu compromisso em mudar algo que você precisa, para viver como a palavra nos convida a viver e a ser.

Oração

Senhor, que eu seja consistente na minha caminhada contigo, mesmo
sendo desprezada, deixada de lado nas conversas ou chamada de
louca, que eu sempre me lembre que minha alegria vem de Ti.
(ore por uma irmã em Cristo que você sabe que precisa
estar na nossa caminhada com o Senhor)

Dia 45   Data: __ /__ / __

"Tu amas a justiça e odeias a perversidade; portanto
Deus, teu Deus, te ungiu com o óleo da alegria
sobre teus companheiros." — **Salmos 45:7**

Leitura de hoje: leia todo o Salmo 45.
Leia com atenção e deixe a graça de Deus ser derramada em você.
Hoje, minha amiga, o Senhor nos convida a confessarmos
nossos pecados a Ele, procure sua líder de célula, sua pastora
ou sua líder espiritual, não deixe de realizar. E reafirme
que Ele é o único Senhor e salvador da sua vida.
Depois da leitura, retorne aqui e responda as questões.

No seu Caderno Devocional:

- Escreva a palavra que mais chamou sua atenção.

- Relate tudo sobre o que o texto fala (locais, nomes, pessoas, datas, acontecimentos), pode ser em forma de tópicos também.

- Medite sobre o que o texto diz para você. Escute Deus falando sobre você, através de situações, momentos, emoções e sentimentos. Seja detalhista nos fatos.

- Ore sobre o que o texto te faz responder ao Senhor, depois escreva a sua oração. Converse com Deus, com suas palavras, do seu jeito, usando a sua linguagem. Lembre-se: Deus conhece você.

- Contemple o Senhor sobre tudo o que a Palavra fez em você. Louve-o pelo que Ele é, o que Ele faz e o que Ele fará. Depois escreva o seu compromisso em mudar algo que você precisa, para viver como a palavra nos convida a viver e a ser.

Oração

Senhor, eu confesso que pequei muitas vezes, mas estou
arrependida. Senhor, me faz andar nos Teus princípios, me faz
enxergar onde preciso aprender. Senhor, Tu és o meu único Senhor.

Dia 46   Data: __ / __ / __

"O SENHOR dos Exércitos está conosco; o Deus
de Jacó é o nosso refúgio." — **Salmos 46:7**

Leitura de hoje: retorne à sua Bíblia e leia o Salmo 46.
Gostaria de lhe pedir para fazer a leitura quantas vezes achar
necessário e dê uma pausa depois de cada versículo.
Este salmo fala sobre a força de Deus.
Quem é o seu refúgio quando está fraco?
Quem você chama para lhe defender do perigo?
Depois da leitura e reflexões, retorne aqui e responda as questões.

No seu Caderno Devocional:

- Escreva a palavra que mais chamou sua atenção.

- Relate tudo sobre o que o texto fala (locais, nomes, pessoas, datas, acontecimentos), pode ser em forma de tópicos também.

- Medite sobre o que o texto diz para você. Escute Deus falando sobre você, através de situações, momentos, emoções e sentimentos. Seja detalhista nos fatos.

- Ore sobre o que o texto te faz responder ao Senhor, depois escreva a sua oração. Converse com Deus, com suas palavras, do seu jeito, usando a sua linguagem. Lembre-se: Deus conhece você.

- Contemple o Senhor sobre tudo o que a Palavra fez em você. Louve-o pelo que Ele é, o que Ele faz e o que Ele fará. Depois escreva o seu compromisso em mudar algo que você precisa, para viver como a palavra nos convida a viver e a ser.

♥

Oração

Senhor, que nos meus dias ruins eu Te procure, nas minhas
fraquezas eu me lembre de Ti, que eu possa me proteger
em Ti. Senhor, eu confio em Ti, por mais que veja tudo em
minha volta em ruinas, sei que Tu não me abandonarás.

Dia 47   Data: __/__/__

"Pois Deus é o Rei de toda a terra; cantai vós
louvores com entendimento." — **Salmos 47:7**

Leitura de hoje: leia todo o Salmo 47.
Faça essa leitura em voz alta, cada versículo duas vezes. Assim
terá o louvor com entendimento que o salmo propõe.
Hoje gostaria de te pedir para fazer a leitura com uma música
de louvor de sua preferência, com som baixinho, depois da
leitura, aumente o som e louve, cante e dance para o Senhor.
Depois da leitura realizada com música,
retorne e responda seu devocional.

No seu Caderno Devocional:

- Escreva a palavra que mais chamou sua atenção.

- Relate tudo sobre o que o texto fala (locais, nomes, pessoas,
datas, acontecimentos), pode ser em forma de tópicos também.

- Medite sobre o que o texto diz para você. Escute Deus falando
sobre você, através de situações, momentos, emoções e sentimentos. Seja detalhista nos fatos.

- Ore sobre o que o texto te faz responder ao Senhor, depois escreva a sua oração. Converse com Deus, com suas palavras, do seu
jeito, usando a sua linguagem. Lembre-se: Deus conhece você.

- Contemple o Senhor sobre tudo o que a Palavra fez em você.
Louve-o pelo que Ele é, o que Ele faz e o que Ele fará. Depois
escreva o seu compromisso em mudar algo que você precisa,
para viver como a palavra nos convida a viver e a ser.

Oração

Senhor, declaramos todo o louvor a Ti, que possamos
louvar, gritar, falar, exaltar com alegria.

Dia 48   Data: __ /__ / __

*"Porque este Deus é o nosso Deus para sempre e sempre;
ele será o nosso guia até a morte." — Salmos 48:14*

Leitura de hoje: leia todo o Salmo 48.
Leia e marque na sua bíblia as palavras
que mais te chamam a atenção.
Minha amiga, lembre-se que quem luta por você
é o Senhor, Ele é o Senhor dos Exércitos.
Monte uma lista de todas as mulheres que você convoca para estar
com você na linha de frente de batalha o exército do Senhor.
Depois da leitura, retorne aqui e responda as questões.

No seu Caderno Devocional:

- Escreva a palavra que mais chamou sua atenção.

- Relate tudo sobre o que o texto fala (locais, nomes, pessoas, datas, acontecimentos), pode ser em forma de tópicos também.

- Medite sobre o que o texto diz para você. Escute Deus falando sobre você, através de situações, momentos, emoções e sentimentos. Seja detalhista nos fatos.

- Ore sobre o que o texto te faz responder ao Senhor, depois escreva a sua oração. Converse com Deus, com suas palavras, do seu jeito, usando a sua linguagem. Lembre-se: Deus conhece você.

- Contemple o Senhor sobre tudo o que a Palavra fez em você. Louve-o pelo que Ele é, o que Ele faz e o que Ele fará. Depois escreva o seu compromisso em mudar algo que você precisa, para viver como a palavra nos convida a viver e a ser.

Oração

*Meu Senhor, dos exércitos, eu rogo para que
possamos querer está contigo na batalha, porque
Contigo não teremos dúvidas que venceremos.*

Dia 49   Data: __ /__ / __

"Minha boca falará da sabedoria, e a meditação do meu coração será de entendimento." — **Salmos 49:3**

Leitura de hoje: leia todo o Salmo 49.
Leia duas vezes o salmo pausadamente.
Gostaria de pedir para que você faça essa leitura pensando na riqueza da palavra do Senhor, na sabedoria adquirida.
Minha irmã, nós somos Eleitas do Senhor.
Você é amada por Deus. Ele está aqui com você.
Depois da leitura, retorne aqui e responda as questões de intimidade com Deus.

No seu Caderno Devocional:

- Escreva a palavra que mais chamou sua atenção.

- Relate tudo sobre o que o texto fala (locais, nomes, pessoas, datas, acontecimentos), pode ser em forma de tópicos também.

- Medite sobre o que o texto diz para você. Escute Deus falando sobre você, através de situações, momentos, emoções e sentimentos. Seja detalhista nos fatos.

- Ore sobre o que o texto te faz responder ao Senhor, depois escreva a sua oração. Converse com Deus, com suas palavras, do seu jeito, usando a sua linguagem. Lembre-se: Deus conhece você.

- Contemple o Senhor sobre tudo o que a Palavra fez em você. Louve-o pelo que Ele é, o que Ele faz e o que Ele fará. Depois escreva o seu compromisso em mudar algo que você precisa, para viver como a palavra nos convida a viver e a ser.

Oração

Senhor, eu te peço sabedoria, para entender a Tua palavra e discernir entre o bem e o mal.

Dia 50   Data: __ /__ / __

"Ajuntai meus santos para mim; aqueles que fizeram
um pacto comigo pelo sacrifício." — **Salmos 50:5**

Leitura de hoje: leia todo o Salmo 50.
Faça a leitura com voz branda, eleve suas mãos,
renda-se em adoração a cada versículo.
Hoje, minha irmã, o salmo nos lembra quem
Deus é, o que Ele fez e o que Ele fará.
Durante todo o dia, convido você a oferecer GRAÇAS
a Deus por tudo que tem, durante todo o dia.
Depois da leitura, retorne aqui e responda as questões.

No seu Caderno Devocional:

- Escreva a palavra que mais chamou sua atenção.

- Relate tudo sobre o que o texto fala (locais, nomes, pessoas, datas, acontecimentos), pode ser em forma de tópicos também.

- Medite sobre o que o texto diz para você. Escute Deus falando sobre você, através de situações, momentos, emoções e sentimentos. Seja detalhista nos fatos.

- Ore sobre o que o texto te faz responder ao Senhor, depois escreva a sua oração. Converse com Deus, com suas palavras, do seu jeito, usando a sua linguagem. Lembre-se: Deus conhece você.

- Contemple o Senhor sobre tudo o que a Palavra fez em você. Louve-o pelo que Ele é, o que Ele faz e o que Ele fará. Depois escreva o seu compromisso em mudar algo que você precisa, para viver como a palavra nos convida a viver e a ser.

Oração

Deus, eu Te dou graças por tudo que tenho, pela minha
moradia, minha família, minhas amigas, minha célula, meus
pastores, meus líderes, meu trabalho, as oportunidades de estar
Contigo, pelas situações que me fazem crescer... (complete)

Dia 51   Data: __ /__ / __

> *"Os sacrifícios para Deus são um espírito*
> *quebrantado; um coração quebrantado e contrito,*
> *ó Deus, tu não desprezarás."* — **Salmos 51:17**

Leitura de hoje: abra a sua Bíblia e leia todo o Salmo 51.
A palavra de hoje nos diz sobre: CORAÇÃO QUEBRANTADO
Você aceitou Jesus como único Senhor e salvador da sua vida?
Então alegre-se, todos os seus pecados estão perdoados
Depois da leitura continue aqui e responda as perguntas, elas
irão lhe ajudar no entendimento da palavra do nosso Deus.

No seu Caderno Devocional:

- Escreva a palavra que mais chamou sua atenção.

- Relate tudo sobre o que o texto fala (locais, nomes, pessoas, datas, acontecimentos), pode ser em forma de tópicos também.

- Medite sobre o que o texto diz para você. Escute Deus falando sobre você, através de situações, momentos, emoções e sentimentos. Seja detalhista nos fatos.

- Ore sobre o que o texto te faz responder ao Senhor, depois escreva a sua oração. Converse com Deus, com suas palavras, do seu jeito, usando a sua linguagem. Lembre-se: Deus conhece você.

- Contemple o Senhor sobre tudo o que a Palavra fez em você. Louve-o pelo que Ele é, o que Ele faz e o que Ele fará. Depois escreva o seu compromisso em mudar algo que você precisa, para viver como a palavra nos convida a viver e a ser.

Oração

Meu Deus e meu Senhor, quero ter meu coração quebrantado, tira esse coração de pedra e coloca um coração de carne, que eu possa ser sempre mansa e humilde para receber a Tua misericórdia.

Dia 52   Data: __ /__ / __

> "Mas eu sou como uma oliveira verde na casa
> de Deus; confio na misericórdia de Deus para
> sempre e sempre." — **Salmos 52:8**

Leitura de hoje: retorne a sua Bíblia e leia todo o Salmo 52.
Leia três vezes em voz alta, se for confortável para você.
A palavra de hoje nos fala sobre CONFIAR.
Minha irmã, somos uma árvore verde que precisa ser regada todos os dias para darmos bons frutos. Você levará a palavra de Deus por onde andares, com suas ações, falas e olhares. Depois da leitura retorne aqui e complete seu devocional.

No seu Caderno Devocional:

- Escreva a palavra que mais chamou sua atenção.

- Relate tudo sobre o que o texto fala (locais, nomes, pessoas, datas, acontecimentos), pode ser em forma de tópicos também.

- Medite sobre o que o texto diz para você. Escute Deus falando sobre você, através de situações, momentos, emoções e sentimentos. Seja detalhista nos fatos.

- Ore sobre o que o texto te faz responder ao Senhor, depois escreva a sua oração. Converse com Deus, com suas palavras, do seu jeito, usando a sua linguagem. Lembre-se: Deus conhece você.

- Contemple o Senhor sobre tudo o que a Palavra fez em você. Louve-o pelo que Ele é, o que Ele faz e o que Ele fará. Depois escreva o seu compromisso em mudar algo que você precisa, para viver como a palavra nos convida a viver e a ser.

♥

Oração

Senhor, nos regue todos os dias, para que cresçamos na Tua presença, entendendo a Tua palavra e com sabedoria entregar à outras mulheres os Teus ensinamentos em ações e palavras.

Dia 53   Data: __ /__ / __

*"Deus olhou lá do céu, sobre os filhos dos homens,
para ver se havia alguém que tivesse entendimento,
que buscasse a Deus." — Salmos 53:2*

Leitura reservada a você hoje: Salmo 53.
Leia três vezes o Salmo, com suas mãos levantadas.
Minha irmã, você já se batizou? Se sim, feche os olhos e se
recorde daquele dia. Se não, gostaria que oração sobre essa
decisão e lembre-se: é vontade de Deus que você o faça.
Depois da leitura retorne aqui e responda seu devocional.

No seu Caderno Devocional:

- Escreva a palavra que mais chamou sua atenção.

- Relate tudo sobre o que o texto fala (locais, nomes, pessoas, datas, acontecimentos), pode ser em forma de tópicos também.

- Medite sobre o que o texto diz para você. Escute Deus falando sobre você, através de situações, momentos, emoções e sentimentos. Seja detalhista nos fatos.

- Ore sobre o que o texto te faz responder ao Senhor, depois escreva a sua oração. Converse com Deus, com suas palavras, do seu jeito, usando a sua linguagem. Lembre-se: Deus conhece você.

- Contemple o Senhor sobre tudo o que a Palavra fez em você. Louve-o pelo que Ele é, o que Ele faz e o que Ele fará. Depois escreva o seu compromisso em mudar algo que você precisa, para viver como a palavra nos convida a viver e a ser.

Oração

*Clamo ao Senhor para que possamos andar pelos seus
princípios e valores, para que Deus sempre nos use em
Seu propósito. Senhor, que busquemos conhecer a Tua
palavra, para entendermos a Tua vontade em nós.*

Dia 54   Data: __ /__ / __

"Ouve a minha oração, ó Deus; dá ouvido às palavras da minha boca." — **Salmos 54:2**

Leitura de hoje: Salmo 54.
Leia quantas vezes você precisar para compreender.
Entone a sua voz quando necessário para
que ouça o Salmo falando com você.
Minha irmãzinha, o que você está pedindo pra Deus?
Depois da leitura retorne aqui e responda as perguntas para
lhe ajudarem no entendimento da palavra do nosso Deus.

No seu Caderno Devocional:

- Escreva a palavra que mais chamou sua atenção.

- Relate tudo sobre o que o texto fala (locais, nomes, pessoas, datas, acontecimentos), pode ser em forma de tópicos também.

- Medite sobre o que o texto diz para você. Escute Deus falando sobre você, através de situações, momentos, emoções e sentimentos. Seja detalhista nos fatos.

- Ore sobre o que o texto te faz responder ao Senhor, depois escreva a sua oração. Converse com Deus, com suas palavras, do seu jeito, usando a sua linguagem. Lembre-se: Deus conhece você.

- Contemple o Senhor sobre tudo o que a Palavra fez em você. Louve-o pelo que Ele é, o que Ele faz e o que Ele fará. Depois escreva o seu compromisso em mudar algo que você precisa, para viver como a palavra nos convida a viver e a ser.

Oração

Senhor, que eu sempre tenha palavras que estão de encontro com a Tua vontade, que eu conheça a Tua palavra para orar com mais direcionamento, com mais ousadia.

Dia 55   Data: __/__/__

> "Lança teu fardo sobre o SENHOR, e ele te
> sustentará, jamais permitirá que o justo sofra
> ou seja abalado" — **Salmos 55:22**

Leitura de hoje: Salmo 55.
Leia todo o Salmo pausadamente.
Lembre-se, minha amiga, enfrentamos dias ruins,
mas nossa alegria precisa está no Senhor.
Faça a pergunta no fim desse dia: Senhor o que
queres que eu aprenda com este dia?
Depois retorne e responda seu devocional..

No seu Caderno Devocional:

- Escreva a palavra que mais chamou sua atenção.

- Relate tudo sobre o que o texto fala (locais, nomes, pessoas, datas, acontecimentos), pode ser em forma de tópicos também.

- Medite sobre o que o texto diz para você. Escute Deus falando sobre você, através de situações, momentos, emoções e sentimentos. Seja detalhista nos fatos.

- Ore sobre o que o texto te faz responder ao Senhor, depois escreva a sua oração. Converse com Deus, com suas palavras, do seu jeito, usando a sua linguagem. Lembre-se: Deus conhece você.

- Contemple o Senhor sobre tudo o que a Palavra fez em você. Louve-o pelo que Ele é, o que Ele faz e o que Ele fará. Depois escreva o seu compromisso em mudar algo que você precisa, para viver como a palavra nos convida a viver e a ser.

Oração

Deus, nosso Deus, que eu entenda que acima de todos os problemas está o Teu amor, que eu entenda que algumas coisas boas precisam de aprendizado, que eu passe pelas provações com a certeza de que Tu está comigo.

Dia 56   Data: __ /__ / __

"A qualquer tempo em que eu estiver com
medo, confiarei em ti." — **Salmos 56:3**

Leitura de hoje: abra sua bíblia e leia todo o Salmo 56.
Faça essa leitura clamando o Senhor e responda no
final de cada versículo: EU CREIO, SENHOR.
Leia quantas vezes achar necessário, faça da palavra
seu alimento, alimente-se até está saciada.
Depois da leitura, retorne e responda seu devocional para que
eu possa lhe ajudar no entendimento da palavra do nosso Deus.

No seu Caderno Devocional:

- Escreva a palavra que mais chamou sua atenção.

- Relate tudo sobre o que o texto fala (locais, nomes, pessoas, datas, acontecimentos), pode ser em forma de tópicos também.

- Medite sobre o que o texto diz para você. Escute Deus falando sobre você, através de situações, momentos, emoções e sentimentos. Seja detalhista nos fatos.

- Ore sobre o que o texto te faz responder ao Senhor, depois escreva a sua oração. Converse com Deus, com suas palavras, do seu jeito, usando a sua linguagem. Lembre-se: Deus conhece você.

- Contemple o Senhor sobre tudo o que a Palavra fez em você. Louve-o pelo que Ele é, o que Ele faz e o que Ele fará. Depois escreva o seu compromisso em mudar algo que você precisa, para viver como a palavra nos convida a viver e a ser.

Oração

Oro para que nosso Deus possa ajudar minha irmã de devocional a entender que a qualquer tempo, de alegria ou tristeza, ela precisa confiar. Nos faça ser mais confiantes nas Tuas promessas, Senhor.

Dia 57   Data: __ / __ / __

"Ele enviará do céu, e me salvará da vergonha daquele que quer me engolir. Selá. Deus enviará a sua misericórdia e a sua verdade." — **Salmos 57:3**

Leitura de hoje: leia todo o Salmo 57.
Leia com calma e voz firme.
Vamos cuidar do nosso coração?
O que você está ouvindo? vendo? Falando?
Procure assistir, ler e falar as verdades do nosso Senhor.
Seja verdadeira com você mesma, viva o salmo de todo dia.
Depois da leitura, retorne e responda seu devocional.

No seu Caderno Devocional:

- Escreva a palavra que mais chamou sua atenção.

- Relate tudo sobre o que o texto fala (locais, nomes, pessoas, datas, acontecimentos), pode ser em forma de tópicos também.

- Medite sobre o que o texto diz para você. Escute Deus falando sobre você, através de situações, momentos, emoções e sentimentos. Seja detalhista nos fatos.

- Ore sobre o que o texto te faz responder ao Senhor, depois escreva a sua oração. Converse com Deus, com suas palavras, do seu jeito, usando a sua linguagem. Lembre-se: Deus conhece você.

- Contemple o Senhor sobre tudo o que a Palavra fez em você. Louve-o pelo que Ele é, o que Ele faz e o que Ele fará. Depois escreva o seu compromisso em mudar algo que você precisa, para viver como a palavra nos convida a viver e a ser.

♥

Oração

Eu profetizo na vida da minha irmã (fale seu nome, estou orando por você) que ela terá a constância de viver um salmo por dia, louvando, adorando, amando, aprendendo, entendendo mais de Ti, Senhor, para viver de acordo com a Tua palavra.

Dia 58   Data: _ /_ / _

"Quebra-lhes os dentes em suas bocas, ó Deus; quebra os grandes dentes dos leõezinhos, ó SENHOR." — **Salmos 58:6**

Leitura de hoje: leia o Salmo 58.
Qual o problema que era pequeno e se tornou grande?
Se recorde de algo que você precisa resolver, um sentimento, uma dívida, uma palavra mal dita, algo de casa, qualquer coisa que julga pequeno. Vá lá minha amiga e resolva.
Dê o seu melhor ao Senhor.
Depois da leitura, retorne e responda seu devocional e esteja mais íntima do nosso Amado.

No seu Caderno Devocional:

- Escreva a palavra que mais chamou sua atenção.

- Relate tudo sobre o que o texto fala (locais, nomes, pessoas, datas, acontecimentos), pode ser em forma de tópicos também.

- Medite sobre o que o texto diz para você. Escute Deus falando sobre você, através de situações, momentos, emoções e sentimentos. Seja detalhista nos fatos.

- Ore sobre o que o texto te faz responder ao Senhor, depois escreva a sua oração. Converse com Deus, com suas palavras, do seu jeito, usando a sua linguagem. Lembre-se: Deus conhece você.

- Contemple o Senhor sobre tudo o que a Palavra fez em você. Louve-o pelo que Ele é, o que Ele faz e o que Ele fará. Depois escreva o seu compromisso em mudar algo que você precisa, para viver como a palavra nos convida a viver e a ser.

Oração

Senhor, que nada me abale, que meus pensamentos estejam em Ti, que meu tempo seja dedicado a Ti, me ensina, Senhor, como resolver situações e problemas sem me perder neles.

Dia 59   Data: __ / __ / __

> *"Por causa da tua força, eu esperarei em ti, pois Deus é a minha defesa."* — **Salmos 59:9**

Leitura de hoje: leia todo o Salmo 59.
Quanto mais louvamos a Deus, mais
teremos Deus como nosso refúgio
Onde você se esconde? Quem é seu
refúgio? Quem defende você?
Leia também 1 Samuel 19
Depois da leitura, retorne e responda seu devocional.

No seu Caderno Devocional:

- Escreva a palavra que mais chamou sua atenção.

- Relate tudo sobre o que o texto fala (locais, nomes, pessoas, datas, acontecimentos), pode ser em forma de tópicos também.

- Medite sobre o que o texto diz para você. Escute Deus falando sobre você, através de situações, momentos, emoções e sentimentos. Seja detalhista nos fatos.

- Ore sobre o que o texto te faz responder ao Senhor, depois escreva a sua oração. Converse com Deus, com suas palavras, do seu jeito, usando a sua linguagem. Lembre-se: Deus conhece você.

- Contemple o Senhor sobre tudo o que a Palavra fez em você. Louve-o pelo que Ele é, o que Ele faz e o que Ele fará. Depois escreva o seu compromisso em mudar algo que você precisa, para viver como a palavra nos convida a viver e a ser.

Oração

Senhor, meu Deus, que nós tenhamos refúgio em Ti, afaste de nós as nossas vontades, as nossas próprias forças, que eu tenha a Ti como meu escudo, que eu corra sempre para os Teus braços meu, Senhor.

Dia 60   Data: __ / __ / __

"Através de Deus o faremos valentemente; pois ele é aquele que pisará os nossos inimigos." — **Salmos 60:12**

Leitura de hoje: leia todo o Salmo 60.
Faça essa leitura refletindo em cada versículo.
Amiga, quem derrota os nossos inimigos é o Senhor,
então fique confiante e lembre-se os nossos inimigos
não são somente pessoas. Ore por essa revelação.
Depois da leitura, retorne e responda seu devocional
e diga para Deus que quer senti-lo.

No seu Caderno Devocional:

- Escreva a palavra que mais chamou sua atenção.

- Relate tudo sobre o que o texto fala (locais, nomes, pessoas, datas, acontecimentos), pode ser em forma de tópicos também.

- Medite sobre o que o texto diz para você. Escute Deus falando sobre você, através de situações, momentos, emoções e sentimentos. Seja detalhista nos fatos.

- Ore sobre o que o texto te faz responder ao Senhor, depois escreva a sua oração. Converse com Deus, com suas palavras, do seu jeito, usando a sua linguagem. Lembre-se: Deus conhece você.

- Contemple o Senhor sobre tudo o que a Palavra fez em você. Louve-o pelo que Ele é, o que Ele faz e o que Ele fará. Depois escreva o seu compromisso em mudar algo que você precisa, para viver como a palavra nos convida a viver e a ser.

Oração

Meu Deus e meu Senhor, confio na Tua proteção,
que meus inimigos caiam por terra, aqueles
que eu vejo e os que não consigo ver.

Dia 61   Data: __ /__ / __

"Então cantarei louvores ao teu nome para sempre, para que eu possa diariamente realizar os meus votos." — **Salmos 61:8**

Leitura de hoje: abra a sua bíblia e leia todo o Salmo 61.
Quero te pedir para que leia três vezes o salmo de hoje.
Qual última vez que você cantou e dançou para o Senhor?
Convido você a procurar a música: Aquieta Minh 'alma
Canção do Ministério Zoe. Levante, cante, dance e
adore Àquele que é digno de toda adoração.
Depois da leitura e da música, continue
aqui e responda as perguntas.

No seu Caderno Devocional:

- Escreva a palavra que mais chamou sua atenção.

- Relate tudo sobre o que o texto fala (locais, nomes, pessoas, datas, acontecimentos), pode ser em forma de tópicos também.

- Medite sobre o que o texto diz para você. Escute Deus falando sobre você, através de situações, momentos, emoções e sentimentos. Seja detalhista nos fatos.

- Ore sobre o que o texto te faz responder ao Senhor, depois escreva a sua oração. Converse com Deus, com suas palavras, do seu jeito, usando a sua linguagem. Lembre-se: Deus conhece você.

- Contemple o Senhor sobre tudo o que a Palavra fez em você. Louve-o pelo que Ele é, o que Ele faz e o que Ele fará. Depois escreva o seu compromisso em mudar algo que você precisa, para viver como a palavra nos convida a viver e a ser.

Oração

Senhor, eu oro para que o meu clamor seja intenso e contínuo a Ti, que a minha sede pela Tua presença não acabe, me protege, Senhor, e guia a minha irmã em Cristo (escreva o nome da irmã que veio em seu coração e faça sua oração por ela) para que o Senhor seja o agrado do coração dela.

Dia 62   Data: __ /__ / __

"Somente ele é a minha rocha e a minha salvação; ele é a minha defesa; eu não serei abalado." — **Salmos 62:6**

Leitura de hoje: com confiança, leia todo o Salmo 62.
Gostaria de lhe pedir que faça a leitura dizendo ao final
de cada versículo: O PODER PERTENCE A DEUS
Hoje percebemos Deus nos dizendo sobre SALVAÇÃO.
Quero te convidar, minha amiga, a escrever tudo que gera em você
medo, reflita, ore e declare esse medo vencido pelo poder de Deus.
Depois responda as questões do seu devocional.

No seu Caderno Devocional:

- Escreva a palavra que mais chamou sua atenção.

- Relate tudo sobre o que o texto fala (locais, nomes, pessoas, datas, acontecimentos), pode ser em forma de tópicos também.

- Medite sobre o que o texto diz para você. Escute Deus falando sobre você, através de situações, momentos, emoções e sentimentos. Seja detalhista nos fatos.

- Ore sobre o que o texto te faz responder ao Senhor, depois escreva a sua oração. Converse com Deus, com suas palavras, do seu jeito, usando a sua linguagem. Lembre-se: Deus conhece você.

- Contemple o Senhor sobre tudo o que a Palavra fez em você. Louve-o pelo que Ele é, o que Ele faz e o que Ele fará. Depois escreva o seu compromisso em mudar algo que você precisa, para viver como a palavra nos convida a viver e a ser.

Oração

A nossa salvação vem do poder que pertence a
Deus. Que a nossa alma esteja verdadeiramente
ligada à vontade de nosso Deus.

Dia 63   Data: __ /__ / __

"Minha alma ficará satisfeita com tutano e gordura; e a minha boca te louvará com lábios alegres" — **Salmos 63:5**

Leitura de hoje: leia todo o Salmo 63.
Gostaria de te pedir para fazer essa leitura em voz alta.
Deseje Deus em você, deseje agora mesmo
Deus lendo a palavra com você.
Após a leitura, fique em silêncio de olhos fechados por 5 minutos.
Minha amiga, Deus tem fartura para nós, quanto mais aprendemos de Deus mais prósperas seremos, em tudo.
Responda as questões do seu devocional elas te guiarão.

No seu Caderno Devocional:

- Escreva a palavra que mais chamou sua atenção.

- Relate tudo sobre o que o texto fala (locais, nomes, pessoas, datas, acontecimentos), pode ser em forma de tópicos também.

- Medite sobre o que o texto diz para você. Escute Deus falando sobre você, através de situações, momentos, emoções e sentimentos. Seja detalhista nos fatos.

- Ore sobre o que o texto te faz responder ao Senhor, depois escreva a sua oração. Converse com Deus, com suas palavras, do seu jeito, usando a sua linguagem. Lembre-se: Deus conhece você.

- Contemple o Senhor sobre tudo o que a Palavra fez em você. Louve-o pelo que Ele é, o que Ele faz e o que Ele fará. Depois escreva o seu compromisso em mudar algo que você precisa, para viver como a palavra nos convida a viver e a ser.

Oração

*Meu Senhor e meu Rei, eu quero viver
transbordando o Teu amor*

Dia 64   Data: __ / __ / __

"O justo ficará feliz no SENHOR, e confiará nele, e todos os retos de coração glorificarão" **— Salmos 64:10**

Leitura de hoje: leia todo o Salmo 64.
Faça essa leitura em voz alta, se possível.
Minha irmã, de que você está enchendo o seu coração.
A boca fala do que o coração está cheio.
Continue perseverante no seu devocional, sua intimidade está crescendo e a esperança está em ti, minha irmã.
Agora, responda as questões do seu devocional com alegria.

No seu Caderno Devocional:

- Escreva a palavra que mais chamou sua atenção.

- Relate tudo sobre o que o texto fala (locais, nomes, pessoas, datas, acontecimentos), pode ser em forma de tópicos também.

- Medite sobre o que o texto diz para você. Escute Deus falando sobre você, através de situações, momentos, emoções e sentimentos. Seja detalhista nos fatos.

- Ore sobre o que o texto te faz responder ao Senhor, depois escreva a sua oração. Converse com Deus, com suas palavras, do seu jeito, usando a sua linguagem. Lembre-se: Deus conhece você.

- Contemple o Senhor sobre tudo o que a Palavra fez em você. Louve-o pelo que Ele é, o que Ele faz e o que Ele fará. Depois escreva o seu compromisso em mudar algo que você precisa, para viver como a palavra nos convida a viver e a ser.

Oração

Que a nossa boca seja usada para declarar o amor de Deus.
Enche, Senhor, o meu coração da bondade, humildade e fé.

Dia 65   Data: __ /__ / __

"Tu coroas o ano com a tua bondade, e teus caminhos vertem gordura." — **Salmos 65:11**

Leitura de hoje: leia todo o Salmo 65.
Gostaria de te pedir para fazer essa leitura pausadamente. Hoje somos convidadas a enchermos nossos corações de bondade, a bondade do Senhor. Abençoe quem está a sua volta, durante todo esse dia. Depois da leitura, retorne aqui e responda as questões do seu devocional, elas lhe deixarão mais próxima de Deus.

No seu Caderno Devocional:

- Escreva a palavra que mais chamou sua atenção.

- Relate tudo sobre o que o texto fala (locais, nomes, pessoas, datas, acontecimentos), pode ser em forma de tópicos também.

- Medite sobre o que o texto diz para você. Escute Deus falando sobre você, através de situações, momentos, emoções e sentimentos. Seja detalhista nos fatos.

- Ore sobre o que o texto te faz responder ao Senhor, depois escreva a sua oração. Converse com Deus, com suas palavras, do seu jeito, usando a sua linguagem. Lembre-se: Deus conhece você.

- Contemple o Senhor sobre tudo o que a Palavra fez em você. Louve-o pelo que Ele é, o que Ele faz e o que Ele fará. Depois escreva o seu compromisso em mudar algo que você precisa, para viver como a palavra nos convida a viver e a ser.

Oração

Senhor, eu rogo por bênçãos na vida da minha irmã de devocional, que as Tuas graças sejam transbordadas na vida dela e da família dela.

Dia 66   Data: __ /__ / __

"Mas na verdade Deus me ouviu; ele atendeu
à voz da minha oração." — **Salmos 66:19**

Leitura de hoje: leia todo o Salmo 66.
Gostaria de te pedir para fazer essa leitura com calma e atenção.
Louve, cante e adore nosso Deus. Ele faz tudo para você.
O que você tem falado com Deus em oração?
Deus é bondoso, ele atende as nossas súplicas,
peça com entendimento e sabedoria.
Depois da leitura, retorne aqui e responda as questões
do seu devocional, elas farão você ver nosso Deus.

No seu Caderno Devocional:

- Escreva a palavra que mais chamou sua atenção.

- Relate tudo sobre o que o texto fala (locais, nomes, pessoas, datas, acontecimentos), pode ser em forma de tópicos também.

- Medite sobre o que o texto diz para você. Escute Deus falando sobre você, através de situações, momentos, emoções e sentimentos. Seja detalhista nos fatos.

- Ore sobre o que o texto te faz responder ao Senhor, depois escreva a sua oração. Converse com Deus, com suas palavras, do seu jeito, usando a sua linguagem. Lembre-se: Deus conhece você.

- Contemple o Senhor sobre tudo o que a Palavra fez em você. Louve-o pelo que Ele é, o que Ele faz e o que Ele fará. Depois escreva o seu compromisso em mudar algo que você precisa, para viver como a palavra nos convida a viver e a ser.

Oração

Meu Deus, eu oro para que nós possamos ter entendimento da tua palavra, para com sabedoria discernirmos as nossas ações.

Dia 67   Data: __ /__ / __

*"Louvem-te os povos, ó Deus, louvem-te
todos os povos."* — **Salmos 67:3**

Leitura de hoje: leia todo o Salmo 67.
Gostaria de te pedir para fazer essa leitura três vezes.
Minha amiga, hoje gostaria de te encorajar a dizer para cada
pessoa que você encontrar: A ALEGRIA VEM DO SENHOR
Durante nosso dia encontramos muitas pessoas, e algumas
estão precisando escutar essa verdade, podemos ser esse
canal da palavra de Deus a essa pessoa. Seja ousada.
Depois da leitura, retorne aqui e responda as questões.

No seu Caderno Devocional:

- Escreva a palavra que mais chamou sua atenção.

- Relate tudo sobre o que o texto fala (locais, nomes, pessoas, datas, acontecimentos), pode ser em forma de tópicos também.

- Medite sobre o que o texto diz para você. Escute Deus falando sobre você, através de situações, momentos, emoções e sentimentos. Seja detalhista nos fatos.

- Ore sobre o que o texto te faz responder ao Senhor, depois escreva a sua oração. Converse com Deus, com suas palavras, do seu jeito, usando a sua linguagem. Lembre-se: Deus conhece você.

- Contemple o Senhor sobre tudo o que a Palavra fez em você. Louve-o pelo que Ele é, o que Ele faz e o que Ele fará. Depois escreva o seu compromisso em mudar algo que você precisa, para viver como a palavra nos convida a viver e a ser.

Oração

Senhor, que a Tua alegria me transborde todos os dias
da minha vida, que eu possa ser um canal da Tua palavra
para cada irmã que eu encontrar pelo meu caminhar.

Dia 68   Data: __ / __ / __

"Mas alegrem-se os justos, se regozijem diante de Deus;
sim, regozijem-se extremamente." — **Salmos 68:3**

Leitura de hoje: abra sua Bíblia e leia todo o Salmo 68.
Leia com muita atenção cada versículo.
O salmo de hoje louva o Senhor por tudo o que ele fez
para proteger o povo de Israel contra os seus inimigos.
Leia também Josué 12.
Depois da leitura, retorne aqui e responda as questões.

No seu Caderno Devocional:

- Escreva a palavra que mais chamou sua atenção.

- Relate tudo sobre o que o texto fala (locais, nomes, pessoas, datas, acontecimentos), pode ser em forma de tópicos também.

- Medite sobre o que o texto diz para você. Escute Deus falando sobre você, através de situações, momentos, emoções e sentimentos. Seja detalhista nos fatos.

- Ore sobre o que o texto te faz responder ao Senhor, depois escreva a sua oração. Converse com Deus, com suas palavras, do seu jeito, usando a sua linguagem. Lembre-se: Deus conhece você.

- Contemple o Senhor sobre tudo o que a Palavra fez em você. Louve-o pelo que Ele é, o que Ele faz e o que Ele fará. Depois escreva o seu compromisso em mudar algo que você precisa, para viver como a palavra nos convida a viver e a ser.

Oração

Senhor, meu Deus, eu oro para que Tu estejas à frente
de todas as nossas batalhas, nos guie para avançar ou
recuar. Que possamos escutar as Tuas ordenanças.

Dia 69   Data: __ /__ / __

"Eles também me deram fel para o meu alimento, e em minha sede me deram vinagre para beber." — Salmos 69:21

Leitura de hoje: leia todo o Salmo 69.
Leia com calma e atenção.
A palavra de hoje nos diz sobre qual são
as ofertas dos nossos inimigos.
Durante o dia, fique atenta e observe as armadilhas que
o inimigo monta. Ele usa coisas, lugares e pessoas. Ore
ao Senhor pedindo orientação e saia com amor.
Depois da leitura, retorne aqui e responda as questões.

No seu Caderno Devocional:

- Escreva a palavra que mais chamou sua atenção.

- Relate tudo sobre o que o texto fala (locais, nomes, pessoas, datas, acontecimentos), pode ser em forma de tópicos também.

- Medite sobre o que o texto diz para você. Escute Deus falando sobre você, através de situações, momentos, emoções e sentimentos. Seja detalhista nos fatos.

- Ore sobre o que o texto te faz responder ao Senhor, depois escreva a sua oração. Converse com Deus, com suas palavras, do seu jeito, usando a sua linguagem. Lembre-se: Deus conhece você.

- Contemple o Senhor sobre tudo o que a Palavra fez em você. Louve-o pelo que Ele é, o que Ele faz e o que Ele fará. Depois escreva o seu compromisso em mudar algo que você precisa, para viver como a palavra nos convida a viver e a ser.

Oração

Senhor, que eu possa reconhecer as armadilhas do inimigo sobre a minha vida, me desvia delas, Senhor, que essas tentações não tenham poder em mim. Senhor, só Tu tens poder em mim.

Dia 70   Data: __ / __ / __

"Mas eu sou pobre e necessitado; apressa-te a mim,
Ó Deus. Tu és o meu socorro e o meu libertador;
ó SENHOR, não te demores." — Salmos 70:5

Leitura de hoje: leia todo o Salmo 70.
Leia com atenção e deixe a graça de Deus ser derramada em você.
Hoje, minha amiga, o Senhor nos convida
a buscarmos Ele cada vez mais.
Quero sugerir que assista ao filme "Quarto de Guerra".
Busque Deus em todas as coisas. Quanto mais
cheias de Deus, mas íntimas Dele estaremos.
Depois da leitura, retorne aqui e responda as questões.

No seu Caderno Devocional:

- Escreva a palavra que mais chamou sua atenção.

- Relate tudo sobre o que o texto fala (locais, nomes, pessoas, datas, acontecimentos), pode ser em forma de tópicos também.

- Medite sobre o que o texto diz para você. Escute Deus falando sobre você, através de situações, momentos, emoções e sentimentos. Seja detalhista nos fatos.

- Ore sobre o que o texto te faz responder ao Senhor, depois escreva a sua oração. Converse com Deus, com suas palavras, do seu jeito, usando a sua linguagem. Lembre-se: Deus conhece você.

- Contemple o Senhor sobre tudo o que a Palavra fez em você. Louve-o pelo que Ele é, o que Ele faz e o que Ele fará. Depois escreva o seu compromisso em mudar algo que você precisa, para viver como a palavra nos convida a viver e a ser.

Oração

Senhor, que eu esteja próximo a todas as coisas, lugares
e pessoas que me levam para mais perto de Ti.

Dia 71   Data: __ / __ / __

"Meus lábios se regozijarão grandemente quando eu cantar a ti; e a minha alma, à qual tu remiste." — **Salmos 71:23**

Leitura de hoje: retorne à sua bíblia e leia o Salmo 71.
Gostaria de te pedir para fazer a leitura anotando a última palavra de casa versículo, depois use essas palavras na sua oração.
Este salmo fala sobre REFÚGIO.
Clame a Deus para Ele ser o seu refúgio e O deixe agir.
Esqueça os seus métodos, deixe Deus agir.
Depois da leitura e reflexões, retorne aqui e responda as questões.

No seu Caderno Devocional:

- Escreva a palavra que mais chamou sua atenção.

- Relate tudo sobre o que o texto fala (locais, nomes, pessoas, datas, acontecimentos), pode ser em forma de tópicos também.

- Medite sobre o que o texto diz para você. Escute Deus falando sobre você, através de situações, momentos, emoções e sentimentos. Seja detalhista nos fatos.

- Ore sobre o que o texto te faz responder ao Senhor, depois escreva a sua oração. Converse com Deus, com suas palavras, do seu jeito, usando a sua linguagem. Lembre-se: Deus conhece você.

- Contemple o Senhor sobre tudo o que a Palavra fez em você. Louve-o pelo que Ele é, o que Ele faz e o que Ele fará. Depois escreva o seu compromisso em mudar algo que você precisa, para viver como a palavra nos convida a viver e a ser.

Oração

Senhor, vem ser meu refúgio, eu quero estar sob a Tua proteção Senhor. Afasta de mim os falsos lugares de esconderijo.

Dia 72   Data: __ /__ / __

"Bendito seja o SENHOR Deus, o Deus de Israel, que
só faz coisas maravilhosas." — **Salmos 72:18**

Leitura de hoje: leia todo o Salmo 72.
Faça essa leitura em voz alta, confirmando cada
versículo com um brado de: EU CREIO!
Minha irmã, lembre-se: Deus já venceu
e nós somos suas herdeiras.
Depois da leitura realizada, retorne
e responda seu devocional.

No seu Caderno Devocional:

- Escreva a palavra que mais chamou sua atenção.

- Relate tudo sobre o que o texto fala (locais, nomes, pessoas, datas, acontecimentos), pode ser em forma de tópicos também.

- Medite sobre o que o texto diz para você. Escute Deus falando sobre você, através de situações, momentos, emoções e sentimentos. Seja detalhista nos fatos.

- Ore sobre o que o texto te faz responder ao Senhor, depois escreva a sua oração. Converse com Deus, com suas palavras, do seu jeito, usando a sua linguagem. Lembre-se: Deus conhece você.

- Contemple o Senhor sobre tudo o que a Palavra fez em você. Louve-o pelo que Ele é, o que Ele faz e o que Ele fará. Depois escreva o seu compromisso em mudar algo que você precisa, para viver como a palavra nos convida a viver e a ser.

Oração

Senhor, que eu tenha a cada dia mais certeza
de que Tu és quem faz todas as coisas.
Glórias, Senhor, por Teu amor por nós.

Dia 73   Data: __ /__ / __

"A minha carne e o meu coração falham; mas Deus é a força do meu coração, e a minha porção para sempre." — **Salmos 73:26**

Leitura de hoje: leia todo o Salmo 73.

Leia e marque na sua bíblia a palavra DOR.

Minha amiga, lembre-se que nem todas as dores é o que lhe fere, mas temos dores de situações que nos limitam a conviver com as bênçãos de Deus. Por exemplo: nosso trabalho intenso faz com que passemos muito tempo longe das pessoas que amamos (pai, mãe, irmãos, filhos, amigos). Precisamos orar para com sabedoria para discernirmos as nossas dores.

Depois da leitura, retorne aqui e responda as questões.

No seu Caderno Devocional:

- Escreva a palavra que mais chamou sua atenção.
- Relate tudo sobre o que o texto fala (locais, nomes, pessoas, datas, acontecimentos), pode ser em forma de tópicos também.
- Medite sobre o que o texto diz para você. Escute Deus falando sobre você, através de situações, momentos, emoções e sentimentos. Seja detalhista nos fatos.
- Ore sobre o que o texto te faz responder ao Senhor, depois escreva a sua oração. Converse com Deus, com suas palavras, do seu jeito, usando a sua linguagem. Lembre-se: Deus conhece você.
- Contemple o Senhor sobre tudo o que a Palavra fez em você. Louve-o pelo que Ele é, o que Ele faz e o que Ele fará. Depois escreva o seu compromisso em mudar algo que você precisa, para viver como a palavra nos convida a viver e a ser.

Oração

Meu Senhor, me cura de toda as dores que sofro,
que eu possa entender o que me faz sofrer. Senhor
que eu Te coloque acima de tudo e todos.

Dia 74   Data: __ / __ / __

"Pois Deus é o meu Rei desde a antiguidade, operando
a salvação no meio da terra." — **Salmos 74:12**

Leitura de hoje: leia todo o Salmo 74.
Leia duas vezes o salmo pausadamente.
Gostaria de pedir para que você faça essa leitura lembrando
quantas vezes você já se colocou na posição de juiz.
Minha irmã, nós somos Eleitas do Senhor.
Você é amada por Deus. Ele é o juiz.
Depois da leitura, retorne aqui e responda as
questões de intimidade com Deus.

No seu Caderno Devocional:

- Escreva a palavra que mais chamou sua atenção.

- Relate tudo sobre o que o texto fala (locais, nomes, pessoas, datas, acontecimentos), pode ser em forma de tópicos também.

- Medite sobre o que o texto diz para você. Escute Deus falando sobre você, através de situações, momentos, emoções e sentimentos. Seja detalhista nos fatos.

- Ore sobre o que o texto te faz responder ao Senhor, depois escreva a sua oração. Converse com Deus, com suas palavras, do seu jeito, usando a sua linguagem. Lembre-se: Deus conhece você.

- Contemple o Senhor sobre tudo o que a Palavra fez em você. Louve-o pelo que Ele é, o que Ele faz e o que Ele fará. Depois escreva o seu compromisso em mudar algo que você precisa, para viver como a palavra nos convida a viver e a ser.

♥

Oração

Senhor, perdão pelas vezes que me coloquei no
Seu lugar e sentenciei as pessoas. Que eu possa
entender que só Tu tens o poder de julgar
(lembre-se de alguém que você julgou e ore por isso, peça perdão).

Dia 75   Data: __ /__ / __

*"Pois na mão do SENHOR há uma taça, e o vinho é
tinto; é cheio de mistura; e ele derrama o mesmo,
mas as suas borras, todos os perversos da terra
as torcerão, e as beberão.."* — **Salmos 75:8**

Leitura de hoje: leia todo o Salmo 75.
Faça a leitura com voz branda, no fim de cada
versículo, fale: MEU DEUS E MEU SENHOR
Hoje, minha irmã, o salmo nos lembra sobre o vinho.
Transborde o seu amor por Deus, encha-se do amor do Pai.
Depois da leitura, retorne aqui e responda as questões.

No seu Caderno Devocional:

- Escreva a palavra que mais chamou sua atenção.

- Relate tudo sobre o que o texto fala (locais, nomes, pessoas, datas, acontecimentos), pode ser em forma de tópicos também.

- Medite sobre o que o texto diz para você. Escute Deus falando sobre você, através de situações, momentos, emoções e sentimentos. Seja detalhista nos fatos.

- Ore sobre o que o texto te faz responder ao Senhor, depois escreva a sua oração. Converse com Deus, com suas palavras, do seu jeito, usando a sua linguagem. Lembre-se: Deus conhece você.

- Contemple o Senhor sobre tudo o que a Palavra fez em você. Louve-o pelo que Ele é, o que Ele faz e o que Ele fará. Depois escreva o seu compromisso em mudar algo que você precisa, para viver como a palavra nos convida a viver e a ser.

Oração

*Senhor, que eu e minha irmã de devocional possamos
contemplar o Teu agir e entender que tudo que
Tu fazes é por amor dos Teus filhos.*

Dia 76   Data: __ / __ / __

"Ele cortará fora o espírito dos príncipes; ele é terrível para com os reis da terra." — **Salmos 76:12**

Leitura de hoje: abra a sua Bíblia e leia todo o Salmo 76.
Quero lhe pedir para que leia cada versículo
duas vezes na sequência da leitura.
Deixe a palavra falar com você.
Depois da leitura continue aqui e responda as
perguntas, elas irão lhe ajudar no entendimento
da palavra do nosso Deus..

No seu Caderno Devocional:

- Escreva a palavra que mais chamou sua atenção.

- Relate tudo sobre o que o texto fala (locais, nomes, pessoas, datas, acontecimentos), pode ser em forma de tópicos também.

- Medite sobre o que o texto diz para você. Escute Deus falando sobre você, através de situações, momentos, emoções e sentimentos. Seja detalhista nos fatos.

- Ore sobre o que o texto te faz responder ao Senhor, depois escreva a sua oração. Converse com Deus, com suas palavras, do seu jeito, usando a sua linguagem. Lembre-se: Deus conhece você.

- Contemple o Senhor sobre tudo o que a Palavra fez em você. Louve-o pelo que Ele é, o que Ele faz e o que Ele fará. Depois escreva o seu compromisso em mudar algo que você precisa, para viver como a palavra nos convida a viver e a ser.

Oração

Senhor, que possamos entender o Teu agir
em nossas vidas. Que possamos sempre
estar atentas as Tuas palavras.

Dia 77   Data: __ / __ / __

"Clamei a Deus com a minha voz; a Deus com a minha voz, e ele deu ouvidos a mim." — **Salmos 77:1**

Leitura de hoje: retorne a sua Bíblia e leia todo o Salmo 77.

A palavra de hoje nos fala sobre CLAMAR.

Então, minha irmã, fale com Deus, clame por Ele, peça ajuda, peça socorro, peça obediência, peça sabedoria, peça discernimento. Deus quer que você peça.

Ele irá te ouvir.

Depois da leitura, retorne aqui e responda seu devocional.

No seu Caderno Devocional:

- Escreva a palavra que mais chamou sua atenção.

- Relate tudo sobre o que o texto fala (locais, nomes, pessoas, datas, acontecimentos), pode ser em forma de tópicos também.

- Medite sobre o que o texto diz para você. Escute Deus falando sobre você, através de situações, momentos, emoções e sentimentos. Seja detalhista nos fatos.

- Ore sobre o que o texto te faz responder ao Senhor, depois escreva a sua oração. Converse com Deus, com suas palavras, do seu jeito, usando a sua linguagem. Lembre-se: Deus conhece você.

- Contemple o Senhor sobre tudo o que a Palavra fez em você. Louve-o pelo que Ele é, o que Ele faz e o que Ele fará. Depois escreva o seu compromisso em mudar algo que você precisa, para viver como a palavra nos convida a viver e a ser.

Oração

Ó Deus, que nós possamos ter a vontade de estar contigo sempre, meu Deus e meu Senhor, eu quero ter intimidade Contigo para conversar e me ouvires.

Dia 78   Data: __ / __ / __

*"Dai ouvidos, ó meu povo, à minha lei; inclinai teus ouvidos às palavras da minha boca." — **Salmos 78:1***

Leitura reservada a você hoje: Salmo 78.
Leia com calma.
Minha irmã, precisamos nos lembrar que, aos
pés do Senhor, tudo se torna mais leve.
Depois da leitura, retorne aqui e responda as perguntas para
lhe ajudarem no entendimento da palavra do nosso Deus.

No seu Caderno Devocional:

- Escreva a palavra que mais chamou sua atenção.

- Relate tudo sobre o que o texto fala (locais, nomes, pessoas, datas, acontecimentos), pode ser em forma de tópicos também.

- Medite sobre o que o texto diz para você. Escute Deus falando sobre você, através de situações, momentos, emoções e sentimentos. Seja detalhista nos fatos.

- Ore sobre o que o texto te faz responder ao Senhor, depois escreva a sua oração. Converse com Deus, com suas palavras, do seu jeito, usando a sua linguagem. Lembre-se: Deus conhece você.

- Contemple o Senhor sobre tudo o que a Palavra fez em você. Louve-o pelo que Ele é, o que Ele faz e o que Ele fará. Depois escreva o seu compromisso em mudar algo que você precisa, para viver como a palavra nos convida a viver e a ser.

Oração

Clamo ao Senhor que estejamos sempre aos seus pés.
Clamo ao Senhor para que quando nós pensarmos em nos
afastar, sejamos alcançadas por Sua misericórdia.

Dia 79   Data: __ /__ / __

*"Ajuda-nos, ó Deus da nossa salvação, para a glória
do teu nome; livra-nos, purga os nossos pecados,
por causa do teu nome"* — **Salmos 79:9**

Leitura de hoje: Salmo 79.
Minha irmãzinha, precisamos ter intimidade com o Senhor para nos relacionarmos com as pessoas. Não deixe ser conduzida por pessoas que não estão na mesma caminhada que a sua, seja valente e corajosa em dizer "não" algumas vezes. Depois da leitura, retorne e responda seu devocional.

No seu Caderno Devocional:

- Escreva a palavra que mais chamou sua atenção.

- Relate tudo sobre o que o texto fala (locais, nomes, pessoas, datas, acontecimentos), pode ser em forma de tópicos também.

- Medite sobre o que o texto diz para você. Escute Deus falando sobre você, através de situações, momentos, emoções e sentimentos. Seja detalhista nos fatos.

- Ore sobre o que o texto te faz responder ao Senhor, depois escreva a sua oração. Converse com Deus, com suas palavras, do seu jeito, usando a sua linguagem. Lembre-se: Deus conhece você.

- Contemple o Senhor sobre tudo o que a Palavra fez em você. Louve-o pelo que Ele é, o que Ele faz e o que Ele fará. Depois escreva o seu compromisso em mudar algo que você precisa, para viver como a palavra nos convida a viver e a ser.

Oração

Senhor, que eu e minha irmã possamos estar atentas nos relacionamentos, que possamos ter sabedoria para seguir pessoas que tenham o mesmo propósito de vida em Ti.

Dia 80   Data: __ /__ / __

"Faze-nos voltar novamente, ó SENHOR Deus dos Exércitos, faz brilhar a tua face; e seremos salvos." — **Salmos 80:19**

Leitura de hoje: Salmo 80.

Leia todo o Salmo, busque meditar versículo por versículo, leia pausadamente e em voz alta se for confortável para você. Você é ovelha do Senhor, durante todo o dia de hoje convido você a fazer o exercício de se deixar ser pastoreada pelo Senhor. Direcione-se sempre para onde Ele lhe guiar. Depois da leitura, retorne e responda seu devocional.

No seu Caderno Devocional:

- Escreva a palavra que mais chamou sua atenção.

- Relate tudo sobre o que o texto fala (locais, nomes, pessoas, datas, acontecimentos), pode ser em forma de tópicos também.

- Medite sobre o que o texto diz para você. Escute Deus falando sobre você, através de situações, momentos, emoções e sentimentos. Seja detalhista nos fatos.

- Ore sobre o que o texto te faz responder ao Senhor, depois escreva a sua oração. Converse com Deus, com suas palavras, do seu jeito, usando a sua linguagem. Lembre-se: Deus conhece você.

- Contemple o Senhor sobre tudo o que a Palavra fez em você. Louve-o pelo que Ele é, o que Ele faz e o que Ele fará. Depois escreva o seu compromisso em mudar algo que você precisa, para viver como a palavra nos convida a viver e a ser.

Oração

Deus, oh nosso Deus, que possamos entender a Tua vontade na nossa vida, que possamos ser como ovelhas, guiadas para o caminho certo, protegidas por Ti.

Dia 81   Data: __ /__ / __

*"Ouve, ó meu povo, e testemunharei a ti; ó
Israel, se tu me ouvires."* — **Salmos 81:8**

Leitura de hoje: abra sua Bíblia e leia todo o Salmo 81.
Leia quantas vezes achar necessário, faça da palavra
seu alimento, alimente-se até estar saciada.
No Salmo de hoje, Deus nos mostra o que é andar nos
seus caminhos, o que Ele faz a quem anda junto a Ele.
Depois da leitura, retorne e responda seu devocional para que
eu possa lhe ajudar no entendimento da palavra do nosso Deus.

No seu Caderno Devocional:

- Escreva a palavra que mais chamou sua atenção.

- Relate tudo sobre o que o texto fala (locais, nomes, pessoas, datas, acontecimentos), pode ser em forma de tópicos também.

- Medite sobre o que o texto diz para você. Escute Deus falando sobre você, através de situações, momentos, emoções e sentimentos. Seja detalhista nos fatos.

- Ore sobre o que o texto te faz responder ao Senhor, depois escreva a sua oração. Converse com Deus, com suas palavras, do seu jeito, usando a sua linguagem. Lembre-se: Deus conhece você.

- Contemple o Senhor sobre tudo o que a Palavra fez em você. Louve-o pelo que Ele é, o que Ele faz e o que Ele fará. Depois escreva o seu compromisso em mudar algo que você precisa, para viver como a palavra nos convida a viver e a ser.

Oração

*Oro para que nós possamos querer estar com o
Senhor, seguindo as orientações do nosso Deus,
que possamos entender que são as melhores.*

Dia 82   Data: __ / __ / __

"Eles não conhecem, nem entendem; eles caminham na escuridão; todos os fundamentos da terra estão fora de curso." — **Salmos 82:5**

Leitura de hoje: leia todo o Salmo 82.
Leia três vezes o salmo.
Mulher, Deus quer que você hoje ore para que outras mulheres que você conhece alcancem a graça Dele.
Todos podem Ter Deus só precisam querer.
Depois da leitura, retorne e responda seu devocional para que você entenda melhor a palavra do nosso Deus.

No seu Caderno Devocional:

- Escreva a palavra que mais chamou sua atenção.

- Relate tudo sobre o que o texto fala (locais, nomes, pessoas, datas, acontecimentos), pode ser em forma de tópicos também.

- Medite sobre o que o texto diz para você. Escute Deus falando sobre você, através de situações, momentos, emoções e sentimentos. Seja detalhista nos fatos.

- Ore sobre o que o texto te faz responder ao Senhor, depois escreva a sua oração. Converse com Deus, com suas palavras, do seu jeito, usando a sua linguagem. Lembre-se: Deus conhece você.

- Contemple o Senhor sobre tudo o que a Palavra fez em você. Louve-o pelo que Ele é, o que Ele faz e o que Ele fará. Depois escreva o seu compromisso em mudar algo que você precisa, para viver como a palavra nos convida a viver e a ser.

Oração

Ó, Senhor, que possamos ser alcançadas por Ti sempre

Dia 83   Data: __ / __ / __

"Que os homens possam saber que tu, cujo único nome é
JEOVÁ, és o Altíssimo sobre a terra." — **Salmos 83:18**

Leitura de hoje: leia o Salmo 83.
Realize essa leitura com tranquilidade, para que possas
sentir as verdades de Deus. Dê o seu melhor ao Senhor.
Neste salmo, sentimos que precisamos levar a palavra
de Deus conosco, para que as pessoas reconheçam Deus
através de nós. Depois da leitura, retorne e responda seu
devocional e esteja mais íntima do nosso Senhor.

No seu Caderno Devocional:

- Escreva a palavra que mais chamou sua atenção.

- Relate tudo sobre o que o texto fala (locais, nomes, pessoas, datas, acontecimentos), pode ser em forma de tópicos também.

- Medite sobre o que o texto diz para você. Escute Deus falando sobre você, através de situações, momentos, emoções e sentimentos. Seja detalhista nos fatos.

- Ore sobre o que o texto te faz responder ao Senhor, depois escreva a sua oração. Converse com Deus, com suas palavras, do seu jeito, usando a sua linguagem. Lembre-se: Deus conhece você.

- Contemple o Senhor sobre tudo o que a Palavra fez em você. Louve-o pelo que Ele é, o que Ele faz e o que Ele fará. Depois escreva o seu compromisso em mudar algo que você precisa, para viver como a palavra nos convida a viver e a ser.

Oração

Senhor, que eu possa ser a Tua palavra vivenciada para que
os que não conseguem ir a Ti, possam Te ver em mim.

Dia 84   Data: __ / __ / __

"Minha alma deseja, sim, até desmaia pelos átrios do SENHOR; meu coração e a minha carne clamam pelo Deus vivo." — **Salmos 84:2**

Leitura de hoje: leia todo o Salmo 84.
Faça essa leitura em voz alta e pausadamente.
O que você tem desejado? Você tem abençoado pessoas?
Minha irmã, deseje Deus e abençoe pessoas
durante todo o dia, quanto mais repetidas vezes
fazemos, mais o nosso coração atenderá.
Depois da leitura, retorne e responda seu devocional.

No seu Caderno Devocional:

- Escreva a palavra que mais chamou sua atenção.

- Relate tudo sobre o que o texto fala (locais, nomes, pessoas, datas, acontecimentos), pode ser em forma de tópicos também.

- Medite sobre o que o texto diz para você. Escute Deus falando sobre você, através de situações, momentos, emoções e sentimentos. Seja detalhista nos fatos.

- Ore sobre o que o texto te faz responder ao Senhor, depois escreva a sua oração. Converse com Deus, com suas palavras, do seu jeito, usando a sua linguagem. Lembre-se: Deus conhece você.

- Contemple o Senhor sobre tudo o que a Palavra fez em você. Louve-o pelo que Ele é, o que Ele faz e o que Ele fará. Depois escreva o seu compromisso em mudar algo que você precisa, para viver como a palavra nos convida a viver e a ser.

♥

Oração

Senhor, eu te amo, eu te desejo. Que meu coração não me engane com falsos amores.

Dia 85 Data: __ /__ / __

"A misericórdia e a verdade se encontram juntas; a justiça e a paz se beijaram." — **Salmos 85:10**

Leitura de hoje: leia todo o Salmo 85.
Faça essa leitura três vezes.
O salmo de hoje nos diz sobre misericórdia,
verdade, justiça e paz.
Mulher, lembre-se: Deus é bom, agradável e perfeito.
Depois da leitura, retorne e responda seu devocional
e diga para Deus que quer senti-lo.

No seu Caderno Devocional:

- Escreva a palavra que mais chamou sua atenção.

- Relate tudo sobre o que o texto fala (locais, nomes, pessoas, datas, acontecimentos), pode ser em forma de tópicos também.

- Medite sobre o que o texto diz para você. Escute Deus falando sobre você, através de situações, momentos, emoções e sentimentos. Seja detalhista nos fatos.

- Ore sobre o que o texto te faz responder ao Senhor, depois escreva a sua oração. Converse com Deus, com suas palavras, do seu jeito, usando a sua linguagem. Lembre-se: Deus conhece você.

- Contemple o Senhor sobre tudo o que a Palavra fez em você. Louve-o pelo que Ele é, o que Ele faz e o que Ele fará. Depois escreva o seu compromisso em mudar algo que você precisa, para viver como a palavra nos convida a viver e a ser.

Oração

Meu Deus e meu Senhor reina em mim, tenha
misericórdia de mim, quero andar na Tua verdade,
quero a Tua justiça e a Tua paz, reinando em mim.

Dia 86   Data: __ / __ / __

"Pois tu és grande e fazes coisas maravilhosas;
somente tu és Deus." — **Salmos 86:10**

Leitura de hoje: abra a sua Bíblia e leia todo o Salmo 86.
Quem tem respondido ao seu clamor?
Precisamos estar atentas as respostas que estamos tendo. Deus
quer solucionar tudo para você, mas você precisa querer.
Agora mesmo, faça uma pergunta para o Senhor e
fique em silêncio para ouvir a resposta Dele.
Depois da leitura continue aqui e responda as perguntas, elas
irão lhe ajudar no entendimento da palavra do nosso Deus.

No seu Caderno Devocional:

- Escreva a palavra que mais chamou sua atenção.

- Relate tudo sobre o que o texto fala (locais, nomes, pessoas, datas, acontecimentos), pode ser em forma de tópicos também.

- Medite sobre o que o texto diz para você. Escute Deus falando sobre você, através de situações, momentos, emoções e sentimentos. Seja detalhista nos fatos.

- Ore sobre o que o texto te faz responder ao Senhor, depois escreva a sua oração. Converse com Deus, com suas palavras, do seu jeito, usando a sua linguagem. Lembre-se: Deus conhece você.

- Contemple o Senhor sobre tudo o que a Palavra fez em você. Louve-o pelo que Ele é, o que Ele faz e o que Ele fará. Depois escreva o seu compromisso em mudar algo que você precisa, para viver como a palavra nos convida a viver e a ser.

Oração

Senhor, fala comigo, escuta o meu clamor, me mostra
o caminho que devo seguir. As decisões que preciso
tomar só Tu tem a resposta, eu creio.

Dia 87   Data: __ /__ / __

"Seu fundamento está nos santos montes." — **Salmos 87:1**

Leitura de hoje: com confiança, leia todo o Salmo 87.
Quero te pedir para ler mais de uma vez e em voz alta.
Hoje percebemos Deus nos alertando sobre lugares.
Quais lugares você tem ido?
Esses lugares são edificados pelo Senhor?
Nesses lugares você encontra o Senhor?
Minha irmã, esteja sempre onde Deus te chamar para ir.
Após a leitura, responda as questões do seu devocional.

No seu Caderno Devocional:

- Escreva a palavra que mais chamou sua atenção.

- Relate tudo sobre o que o texto fala (locais, nomes, pessoas, datas, acontecimentos), pode ser em forma de tópicos também.

- Medite sobre o que o texto diz para você. Escute Deus falando sobre você, através de situações, momentos, emoções e sentimentos. Seja detalhista nos fatos.

- Ore sobre o que o texto te faz responder ao Senhor, depois escreva a sua oração. Converse com Deus, com suas palavras, do seu jeito, usando a sua linguagem. Lembre-se: Deus conhece você.

- Contemple o Senhor sobre tudo o que a Palavra fez em você. Louve-o pelo que Ele é, o que Ele faz e o que Ele fará. Depois escreva o seu compromisso em mudar algo que você precisa, para viver como a palavra nos convida a viver e a ser.

Oração

Que eu reconheça os lugares em que o Senhor está.
Senhor, leve-me somente onde Tu queres que eu esteja.

Dia 88   Data: __ / __ / __

*"Que a minha oração chegue diante de ti; inclina
o teu ouvido ao meu clamor."* **— Salmos 88:2**

Leitura de hoje: leia todo o Salmo 88.
No salmo de hoje, o Senhor nos apresenta como
somos caídas por não sentirmos a sua presença.
Minha irmã, muitas vezes somos guiadas pelo julgamento
de outros, por não entender a verdade do Senhor.
Repreenda as palavras de destruição com oração.
Após a leitura, responda as questões do seu devocional.

No seu Caderno Devocional:

- Escreva a palavra que mais chamou sua atenção.

- Relate tudo sobre o que o texto fala (locais, nomes, pessoas, datas, acontecimentos), pode ser em forma de tópicos também.

- Medite sobre o que o texto diz para você. Escute Deus falando sobre você, através de situações, momentos, emoções e sentimentos. Seja detalhista nos fatos.

- Ore sobre o que o texto te faz responder ao Senhor, depois escreva a sua oração. Converse com Deus, com suas palavras, do seu jeito, usando a sua linguagem. Lembre-se: Deus conhece você.

- Contemple o Senhor sobre tudo o que a Palavra fez em você. Louve-o pelo que Ele é, o que Ele faz e o que Ele fará. Depois escreva o seu compromisso em mudar algo que você precisa, para viver como a palavra nos convida a viver e a ser.

Oração
Meu Senhor e meu Rei, só a Ti quero ouvir.

Dia 89   Data: __/__/__

"Então falaste em visão aos teus santos, e disseste:
Eu pus o socorro sobre aquele que é poderoso. Exaltei
aquele escolhido dentre o povo." — **Salmos 89:19**

Leitura de hoje: leia todo o Salmo 89.

Minha irmã, o salmo de hoje nos diz sobre expectativas
para o futuro, sobre Jesus, sobre promessas.
Confiar, desejar e ter fé que todas as promessas irão se cumprir.
Declare sobre sua vida, tenha visão de futuro.
Agora, responda as questões do seu devocional com alegria..

No seu Caderno Devocional:

- Escreva a palavra que mais chamou sua atenção.

- Relate tudo sobre o que o texto fala (locais, nomes, pessoas,
  datas, acontecimentos), pode ser em forma de tópicos também.

- Medite sobre o que o texto diz para você. Escute Deus falando
  sobre você, através de situações, momentos, emoções e sentimentos. Seja detalhista nos fatos.

- Ore sobre o que o texto te faz responder ao Senhor, depois escreva a sua oração. Converse com Deus, com suas palavras, do seu
  jeito, usando a sua linguagem. Lembre-se: Deus conhece você.

- Contemple o Senhor sobre tudo o que a Palavra fez em você.
  Louve-o pelo que Ele é, o que Ele faz e o que Ele fará. Depois
  escreva o seu compromisso em mudar algo que você precisa,
  para viver como a palavra nos convida a viver e a ser.

Oração

Senhor, que eu veja, ouça e fale as Tuas promessas. Que
eu tenha a visão das Tuas promessas na minha vida.

Dia 90   Data: __ / __ / __

*"Porque mil anos à tua vista são como o dia de ontem, quando é passado, e como uma vigília à noite." — **Salmos 90:4***

Leitura de hoje: leia todo o Salmo 90.
Deus nos fala hoje sobre processo. Precisamos
entender que estamos num processo e precisamos
respeitar o tempo de cada etapa deste processo.
Minha irmã, te convido esta noite a fazer uma vigília de adoração
ao nosso Deus, recorde tudo que Ele fez e somente adore-O.
Depois da leitura, retorne aqui e responda seu devocional.

No seu Caderno Devocional:

- Escreva a palavra que mais chamou sua atenção.

- Relate tudo sobre o que o texto fala (locais, nomes, pessoas, datas, acontecimentos), pode ser em forma de tópicos também.

- Medite sobre o que o texto diz para você. Escute Deus falando sobre você, através de situações, momentos, emoções e sentimentos. Seja detalhista nos fatos.

- Ore sobre o que o texto te faz responder ao Senhor, depois escreva a sua oração. Converse com Deus, com suas palavras, do seu jeito, usando a sua linguagem. Lembre-se: Deus conhece você.

- Contemple o Senhor sobre tudo o que a Palavra fez em você. Louve-o pelo que Ele é, o que Ele faz e o que Ele fará. Depois escreva o seu compromisso em mudar algo que você precisa, para viver como a palavra nos convida a viver e a ser.

Oração

Senhor, que possa te adorar pelo que Tu fez, faz e fará. Quero estar em Tua presença dia e noite sem cessar, e que eu respeite o meu processo de crescimento em Ti.

Dia 91   Data: __ /__ / __

"Aquele que habita no lugar secreto do Altíssimo, permanecerá debaixo da sombra do Onipotente." — **Salmos 91:1**

Leitura de hoje: leia todo o Salmo 91.
Gostaria de te pedir para fazer essa leitura com calma e atenção.
No início de cada versículo diga: EU DECLARO QUE…
Mulher, você é filha, você pode declarar vitórias
do Senhor sobre você e sobre a sua casa.
Depois da leitura, retorne aqui e responda as questões
do seu devocional, elas farão você ver nosso Deus.

No seu Caderno Devocional:

- Escreva a palavra que mais chamou sua atenção.

- Relate tudo sobre o que o texto fala (locais, nomes, pessoas, datas, acontecimentos), pode ser em forma de tópicos também.

- Medite sobre o que o texto diz para você. Escute Deus falando sobre você, através de situações, momentos, emoções e sentimentos. Seja detalhista nos fatos.

- Ore sobre o que o texto te faz responder ao Senhor, depois escreva a sua oração. Converse com Deus, com suas palavras, do seu jeito, usando a sua linguagem. Lembre-se: Deus conhece você.

- Contemple o Senhor sobre tudo o que a Palavra fez em você. Louve-o pelo que Ele é, o que Ele faz e o que Ele fará. Depois escreva o seu compromisso em mudar algo que você precisa, para viver como a palavra nos convida a viver e a ser.

Oração

Meu Senhor e salvador, eu declaro que todo o Teu amor
toma conta de mim, da minha mente, alma e coração.
Declaro que os Teus planos serão os meus planos.

Dia 92   Data: __ /__ / __

"Aqueles que estão plantados na casa do SENHOR florescerão nos átrios do nosso Deus." — **Salmos 92:13**

Leitura de hoje: leia todo o Salmo 92.
Gostaria de te pedir para fazer essa leitura
com um louvor de sua preferência.
Hoje o salmo nos diz que devemos crescer na presença de
Deus, assim como as árvores crescem, florescem e dão frutos.
Minha amiga Deus tem pensamentos grandiosos
para sua vida, deixa Ele ser o seu adubo.
Depois da leitura, retorne aqui e responda as questões.

No seu Caderno Devocional:

- Escreva a palavra que mais chamou sua atenção.

- Relate tudo sobre o que o texto fala (locais, nomes, pessoas, datas, acontecimentos), pode ser em forma de tópicos também.

- Medite sobre o que o texto diz para você. Escute Deus falando sobre você, através de situações, momentos, emoções e sentimentos. Seja detalhista nos fatos.

- Ore sobre o que o texto te faz responder ao Senhor, depois escreva a sua oração. Converse com Deus, com suas palavras, do seu jeito, usando a sua linguagem. Lembre-se: Deus conhece você.

- Contemple o Senhor sobre tudo o que a Palavra fez em você. Louve-o pelo que Ele é, o que Ele faz e o que Ele fará. Depois escreva o seu compromisso em mudar algo que você precisa, para viver como a palavra nos convida a viver e a ser.

Oração

Papai, que eu cresça sendo adubada por Tua
palavra, sendo regada pelo Teu amor.

Dia 93   Data: __ /__ / __

"Teu trono está estabelecido desde a antiguidade;
tu és desde a eternidade." — **Salmos 93:2**

Leitura de hoje: abra sua Bíblia e leia todo o Salmo 93.
Leia pausadamente todo o texto três vezes.
O salmo de hoje nos ensina que precisamos reconhecer
que Deus é quem faz. Ele é poder. Ele é o Rei.
Persevere nesse encontro com Deus que você tem todos os
dias, através do devocional sua intimidade está florescendo.
A luz do Senhor te alcança, mulher, e a Sua verdade te guia.
Depois da leitura, retorne aqui e responda as questões.

No seu Caderno Devocional:

- Escreva a palavra que mais chamou sua atenção.

- Relate tudo sobre o que o texto fala (locais, nomes, pessoas, datas, acontecimentos), pode ser em forma de tópicos também.

- Medite sobre o que o texto diz para você. Escute Deus falando sobre você, através de situações, momentos, emoções e sentimentos. Seja detalhista nos fatos.

- Ore sobre o que o texto te faz responder ao Senhor, depois escreva a sua oração. Converse com Deus, com suas palavras, do seu jeito, usando a sua linguagem. Lembre-se: Deus conhece você.

- Contemple o Senhor sobre tudo o que a Palavra fez em você. Louve-o pelo que Ele é, o que Ele faz e o que Ele fará. Depois escreva o seu compromisso em mudar algo que você precisa, para viver como a palavra nos convida a viver e a ser.

Oração

Senhor, reina em mim.

Dia 94   Data: __/__/__

*"O SENHOR conhece os pensamentos do homem,
que eles são vaidade." ." — Salmos 94:11*

Leitura de hoje: abra sua Bíblia e leia todo o Salmo 94.
Leia pausadamente todo o texto.
O salmo de hoje nos ensina que Deus nos conhece intimamente.
Muitos pensamentos que temos, lutamos com eles, não é fácil
e não podemos eliminá-los, mas podemos procurar estar
mais na presença de Deus e encher-nos das suas verdades,
assim esses pensamentos não terão muito tempo para agir.
Depois da leitura, retorne aqui e responda as questões.

No seu Caderno Devocional:

- Escreva a palavra que mais chamou sua atenção.

- Relate tudo sobre o que o texto fala (locais, nomes, pessoas, datas, acontecimentos), pode ser em forma de tópicos também.

- Medite sobre o que o texto diz para você. Escute Deus falando sobre você, através de situações, momentos, emoções e sentimentos. Seja detalhista nos fatos.

- Ore sobre o que o texto te faz responder ao Senhor, depois escreva a sua oração. Converse com Deus, com suas palavras, do seu jeito, usando a sua linguagem. Lembre-se: Deus conhece você.

- Contemple o Senhor sobre tudo o que a Palavra fez em você. Louve-o pelo que Ele é, o que Ele faz e o que Ele fará. Depois escreva o seu compromisso em mudar algo que você precisa, para viver como a palavra nos convida a viver e a ser.

Oração

Senhor, que nós possamos nos encher-nos da Tua presença, no
ver, ouvir e falar, para que nossos pensamentos estejam alinhados
com os Teus e o mal não tenha espaço em mim. Nós oramos por.
(ore por uma irmã em Cristo que você sabe que precisa
estar na nossa caminhada com o Senhor)...

Dia 95   Data: __ /__ / __

"Venhamos diante da sua presença com ações de graças, e façamos um barulho alegre a ele com salmos." — **Salmos 95:2**

Leitura de hoje: leia todo o Salmo 95.
Leia com atenção e deixe a graça de Deus ser derramada em você.
Hoje, minha amiga, o Senhor vem nos confirmar quão alegre Ele está com você. A alegria vem do Senhor.
Você já sorriu hoje?
Leve um sorriso sincero para todos que você encontrar hoje.
Depois da leitura, retorne aqui e responda as questões.

No seu Caderno Devocional:

- Escreva a palavra que mais chamou sua atenção.

- Relate tudo sobre o que o texto fala (locais, nomes, pessoas, datas, acontecimentos), pode ser em forma de tópicos também.

- Medite sobre o que o texto diz para você. Escute Deus falando sobre você, através de situações, momentos, emoções e sentimentos. Seja detalhista nos fatos.

- Ore sobre o que o texto te faz responder ao Senhor, depois escreva a sua oração. Converse com Deus, com suas palavras, do seu jeito, usando a sua linguagem. Lembre-se: Deus conhece você.

- Contemple o Senhor sobre tudo o que a Palavra fez em você. Louve-o pelo que Ele é, o que Ele faz e o que Ele fará. Depois escreva o seu compromisso em mudar algo que você precisa, para viver como a palavra nos convida a viver e a ser.

Oração

Senhor, que minha alegria seja em andar na Tua presença
e que eu consiga fazer barulhos com minha alegria.

Dia 96   Data: __ /__ / __

*"Dai ao SENHOR, ó vós famílias dos povos; dai ao
SENHOR glória e força."* — **Salmos 96:7**

Leitura de hoje: retorne à sua Bíblia e leia o Salmo 96.
Gostaria de te pedir para fazer a leitura quantas vezes achar
necessário e dê um Glória a Deus após cada versículo.
Quanto mais intimidade, mais santidade.
Gostaria de pedir a você que ao longo do dia dê Glória
a Deus muitas vezes. O Senhor é feliz com você.
Depois da leitura e reflexões, retorne
aqui e responda as questões.

No seu Caderno Devocional:

- Escreva a palavra que mais chamou sua atenção.

- Relate tudo sobre o que o texto fala (locais, nomes, pessoas, datas, acontecimentos), pode ser em forma de tópicos também.

- Medite sobre o que o texto diz para você. Escute Deus falando sobre você, através de situações, momentos, emoções e sentimentos. Seja detalhista nos fatos.

- Ore sobre o que o texto te faz responder ao Senhor, depois escreva a sua oração. Converse com Deus, com suas palavras, do seu jeito, usando a sua linguagem. Lembre-se: Deus conhece você.

- Contemple o Senhor sobre tudo o que a Palavra fez em você. Louve-o pelo que Ele é, o que Ele faz e o que Ele fará. Depois escreva o seu compromisso em mudar algo que você precisa, para viver como a palavra nos convida a viver e a ser.

Oração

Senhor, que nos meus dias sejam para Ti dar
glórias. Eu Te honro Senhor. Eu te adoro.

Dia 97   Data: __ /__ / __

"Nuvens e trevas estão ao redor dele; justiça e juízo
são a habitação do seu trono." — **Salmos 97:2**

Leitura de hoje: leia todo o Salmo 97.
Faça essa leitura com a música de adoração
da Harpa: Porque Ele vive.
O salmo de hoje nos revela que não deixaremos de ser
perseguidos, ofendidos e maltratados por estarmos andarmos
com Deus, mas Ele nos lembra que está conosco.
Depois da leitura realizada com música,
retorne e responda seu devocional.

No seu Caderno Devocional:

- Escreva a palavra que mais chamou sua atenção.

- Relate tudo sobre o que o texto fala (locais, nomes, pessoas, datas, acontecimentos), pode ser em forma de tópicos também.

- Medite sobre o que o texto diz para você. Escute Deus falando sobre você, através de situações, momentos, emoções e sentimentos. Seja detalhista nos fatos.

- Ore sobre o que o texto te faz responder ao Senhor, depois escreva a sua oração. Converse com Deus, com suas palavras, do seu jeito, usando a sua linguagem. Lembre-se: Deus conhece você.

- Contemple o Senhor sobre tudo o que a Palavra fez em você. Louve-o pelo que Ele é, o que Ele faz e o que Ele fará. Depois escreva o seu compromisso em mudar algo que você precisa, para viver como a palavra nos convida a viver e a ser.

Oração

Senhor, eu creio que meus dias são mais leves pois
estou Contigo. Sei que terei que passar por várias
provações, mas também sei que Tu estais comigo.

Dia 98   Data: __ /__ / __

*"Com trombetas e som de cornetas fazei um barulho alegre diante do SENHOR, o Rei." — **Salmos 98:6***

Leitura de hoje: leia todo o Salmo 98.

Minha amiga, vamos fazer barulho? Vamos pular de alegria?
Vamos cantar? Vamos gritar?
Leve um versículo deste salmo para todos os últimos dez contatos com os quais falou por mensagens do seu celular.
Depois da leitura e das mensagens, retorne aqui
e responda as questões do seu devocional.

No seu Caderno Devocional:

- Escreva a palavra que mais chamou sua atenção.

- Relate tudo sobre o que o texto fala (locais, nomes, pessoas, datas, acontecimentos), pode ser em forma de tópicos também.

- Medite sobre o que o texto diz para você. Escute Deus falando sobre você, através de situações, momentos, emoções e sentimentos. Seja detalhista nos fatos.

- Ore sobre o que o texto te faz responder ao Senhor, depois escreva a sua oração. Converse com Deus, com suas palavras, do seu jeito, usando a sua linguagem. Lembre-se: Deus conhece você.

- Contemple o Senhor sobre tudo o que a Palavra fez em você. Louve-o pelo que Ele é, o que Ele faz e o que Ele fará. Depois escreva o seu compromisso em mudar algo que você precisa, para viver como a palavra nos convida a viver e a ser.

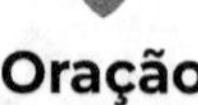

Oração

Meu Senhor, me capacita para poder levar a Tua palavra a todos que precisam no momento certo.

Dia 99   Data: __ /__ / __

"Louvem o teu grande e terrível nome;
pois ele é santo." — **Salmos 99:3**

Leitura de hoje: leia todo o Salmo 99.
Leia duas vezes o salmo pausadamente.
Minha irmã, o salmo de hoje nos lembra que nosso
rei é forte, é santo, é grande e é do alto.
Fique de joelhos, se for possível, e se renda
aos pés do Senhor em adoração.
Depois da leitura, retorne aqui e responda as
questões de intimidade com Deus.

No seu Caderno Devocional:

- Escreva a palavra que mais chamou sua atenção.

- Relate tudo sobre o que o texto fala (locais, nomes, pessoas, datas, acontecimentos), pode ser em forma de tópicos também.

- Medite sobre o que o texto diz para você. Escute Deus falando sobre você, através de situações, momentos, emoções e sentimentos. Seja detalhista nos fatos.

- Ore sobre o que o texto te faz responder ao Senhor, depois escreva a sua oração. Converse com Deus, com suas palavras, do seu jeito, usando a sua linguagem. Lembre-se: Deus conhece você.

- Contemple o Senhor sobre tudo o que a Palavra fez em você. Louve-o pelo que Ele é, o que Ele faz e o que Ele fará. Depois escreva o seu compromisso em mudar algo que você precisa, para viver como a palavra nos convida a viver e a ser.

Oração

Senhor, eu me rendo a Ti.

Dia 100   Data: __ /__ / __

"Pois o SENHOR é bom; sua misericórdia é eterna; e sua verdade dura para todas as gerações." — **Salmos 100:5**

Leitura de hoje: leia todo o Salmo 100.
Faça a leitura quatro vezes, eleve suas mãos e
renda-se em adoração a cada versículo.
Hoje, minha irmã, o salmo nos diz sobre SERVIR e GRATIDÃO
Você já serve ao Senhor onde você congrega?
Servir é um ato de gratidão a Deus, é estar mais perto
do caráter de Deus e é seguir os seus mandamentos.
Depois da leitura, retorne aqui e responda as questões.

No seu Caderno Devocional:

- Escreva a palavra que mais chamou sua atenção.

- Relate tudo sobre o que o texto fala (locais, nomes, pessoas, datas, acontecimentos), pode ser em forma de tópicos também.

- Medite sobre o que o texto diz para você. Escute Deus falando sobre você, através de situações, momentos, emoções e sentimentos. Seja detalhista nos fatos.

- Ore sobre o que o texto te faz responder ao Senhor, depois escreva a sua oração. Converse com Deus, com suas palavras, do seu jeito, usando a sua linguagem. Lembre-se: Deus conhece você.

- Contemple o Senhor sobre tudo o que a Palavra fez em você. Louve-o pelo que Ele é, o que Ele faz e o que Ele fará. Depois escreva o seu compromisso em mudar algo que você precisa, para viver como a palavra nos convida a viver e a ser.

Oração

Meu Deus e meu Senhor, eu quero Te servir, me usa
na Tua obra, faz meu coração ouvir Tua voz.

Dia 101   Data: __ /__ / __

> "Aquele que lida com engano não habitará
> dentro da minha casa; o que fala mentiras não
> permanecerá aos meus olhos." — **Salmos 101:7**

Leitura de hoje: abra a sua Bíblia e leia todo o Salmo 101.
Qual é a motivação que leva você até Deus?
Nosso devocional está deixando você mais íntima do Senhor?
Quanto mais íntimas, mais amaremos Deus, e
nossa motivação sempre será por amor a Ele.
Depois da leitura continue aqui e responda o seu devocional.

No seu Caderno Devocional:

- Escreva a palavra que mais chamou sua atenção.

- Relate tudo sobre o que o texto fala (locais, nomes, pessoas, datas, acontecimentos), pode ser em forma de tópicos também.

- Medite sobre o que o texto diz para você. Escute Deus falando sobre você, através de situações, momentos, emoções e sentimentos. Seja detalhista nos fatos.

- Ore sobre o que o texto te faz responder ao Senhor, depois escreva a sua oração. Converse com Deus, com suas palavras, do seu jeito, usando a sua linguagem. Lembre-se: Deus conhece você.

- Contemple o Senhor sobre tudo o que a Palavra fez em você. Louve-o pelo que Ele é, o que Ele faz e o que Ele fará. Depois escreva o seu compromisso em mudar algo que você precisa, para viver como a palavra nos convida a viver e a ser.

Oração

Meu Deus e meu Senhor, quero Te conhecer mais,
está mais próxima a Ti, todos os dias.

Dia 102   Data: __ /__ / __

"Ele considerará a oração do necessitado, e não desprezará a sua oração." — **Salmos 102:17**

Leitura de hoje: retorne a sua Bíblia e leia todo o Salmo 102. Minha irmã, muitas vezes ficamos aflitas, sem encontrar uma saída. São nesses momentos que precisamos estar aos pés do Senhor, só Ele nos traz calmaria para não tomarmos decisões precipitadas.

Hoje, pare agora e converse com Deus sobre o que está deixando você sem paz, conte tudo e fique em silêncio depois. Depois do silêncio retorne aqui e complete seu devocional.

No seu Caderno Devocional:

- Escreva a palavra que mais chamou sua atenção.

- Relate tudo sobre o que o texto fala (locais, nomes, pessoas, datas, acontecimentos), pode ser em forma de tópicos também.

- Medite sobre o que o texto diz para você. Escute Deus falando sobre você, através de situações, momentos, emoções e sentimentos. Seja detalhista nos fatos.

- Ore sobre o que o texto te faz responder ao Senhor, depois escreva a sua oração. Converse com Deus, com suas palavras, do seu jeito, usando a sua linguagem. Lembre-se: Deus conhece você.

- Contemple o Senhor sobre tudo o que a Palavra fez em você. Louve-o pelo que Ele é, o que Ele faz e o que Ele fará. Depois escreva o seu compromisso em mudar algo que você precisa, para viver como a palavra nos convida a viver e a ser.

♥

Oração

Senhor, que eu recorra a Ti nas minhas aflições, que eu sempre me recorde que Contigo eu serei mais forte.

Dia 103   Data: __ /__ / __

"Bendize ao SENHOR, ó minha alma, e tudo o que há
em mim bendiga o seu santo nome." **— Salmos 103:1**

Leitura reservada a você hoje: Salmo 103.
Leia com um coração cheio de amor e atenção.
Vamos bendizer o nome do nosso Deus o dia inteiro?
Fale das maravilhas de Deus para quem estiver perto de você.
Lembre-se que Ele nos deu o sol, a lua, a chuva, o verão, a
natureza, as frutas, as verduras, os animais, o ar, o vento.
Vai louvando o Senhor por tudo que está a
sua volta, as pessoas, lugares, coisas.
Depois da leitura retorne aqui e responda seu devocional.

No seu Caderno Devocional:

- Escreva a palavra que mais chamou sua atenção.

- Relate tudo sobre o que o texto fala (locais, nomes, pessoas, datas, acontecimentos), pode ser em forma de tópicos também.

- Medite sobre o que o texto diz para você. Escute Deus falando sobre você, através de situações, momentos, emoções e sentimentos. Seja detalhista nos fatos.

- Ore sobre o que o texto te faz responder ao Senhor, depois escreva a sua oração. Converse com Deus, com suas palavras, do seu jeito, usando a sua linguagem. Lembre-se: Deus conhece você.

- Contemple o Senhor sobre tudo o que a Palavra fez em você. Louve-o pelo que Ele é, o que Ele faz e o que Ele fará. Depois escreva o seu compromisso em mudar algo que você precisa, para viver como a palavra nos convida a viver e a ser.

Oração

Senhor, meu Criador, bendito és Tu, que fizeste
nos mínimos detalhes todas as coisas.

119

Dia 104   Data: __ /__ / __

"Cantarei ao SENHOR enquanto eu viver;
cantarei louvores ao meu Deus enquanto eu
tiver o meu ser." — **Salmos 104:33**

Leitura de hoje: Salmo 104.
Leia quantas vezes você precisar.
Gostaria de te pedir para que ao final de cada versículo,
repita a última palavra com força na voz.
Minha irmã, Deus é muito grandioso, agradeça sempre.
Depois da leitura retorne aqui e responda as perguntas para
lhe ajudarem no entendimento da palavra do nosso Deus.

No seu Caderno Devocional:

- Escreva a palavra que mais chamou sua atenção.

- Relate tudo sobre o que o texto fala (locais, nomes, pessoas, datas, acontecimentos), pode ser em forma de tópicos também.

- Medite sobre o que o texto diz para você. Escute Deus falando sobre você, através de situações, momentos, emoções e sentimentos. Seja detalhista nos fatos.

- Ore sobre o que o texto te faz responder ao Senhor, depois escreva a sua oração. Converse com Deus, com suas palavras, do seu jeito, usando a sua linguagem. Lembre-se: Deus conhece você.

- Contemple o Senhor sobre tudo o que a Palavra fez em você. Louve-o pelo que Ele é, o que Ele faz e o que Ele fará. Depois escreva o seu compromisso em mudar algo que você precisa, para viver como a palavra nos convida a viver e a ser.

Oração

Senhor, que a minha alma sempre te engrandeça, que
eu reconheça que só Tu és suficiente para mim.

Dia 105   Data: __ /__ / __

"Buscai ao SENHOR e a sua força; buscai a sua
face continuamente." — **Salmos 105:4**

Leitura de hoje: Salmo 105.
Leia todo o Salmo pausadamente.
Hoje o salmista nos orienta a dar graças, glorificar,
lembrar e buscar o nosso amado Senhor Deus. Nos
mostra a alegria que sentimos ao seguir nosso Senhor.
Minha amiga, com que frequência você se recorda de Deus
ao longo do seu dia? Você tem estado na presença de Deus?
Depois da leitura, retorne e responda seu devocional.

No seu Caderno Devocional:

- Escreva a palavra que mais chamou sua atenção.

- Relate tudo sobre o que o texto fala (locais, nomes, pessoas, datas, acontecimentos), pode ser em forma de tópicos também.

- Medite sobre o que o texto diz para você. Escute Deus falando sobre você, através de situações, momentos, emoções e sentimentos. Seja detalhista nos fatos.

- Ore sobre o que o texto te faz responder ao Senhor, depois escreva a sua oração. Converse com Deus, com suas palavras, do seu jeito, usando a sua linguagem. Lembre-se: Deus conhece você.

- Contemple o Senhor sobre tudo o que a Palavra fez em você. Louve-o pelo que Ele é, o que Ele faz e o que Ele fará. Depois escreva o seu compromisso em mudar algo que você precisa, para viver como a palavra nos convida a viver e a ser.

Oração

Deus, nosso Deus, graças e louvores a Ti, somente a Ti.
Louvado seja o Teu santo nome, que tem o poder de fazer
e desfazer. Só Tu Senhor nos dá a verdadeira alegria.

Dia 106   Data: __ /__ / __

"Lembra-te de mim, ó SENHOR, com o teu favor para com o teu povo; Oh, visita-me com a tua salvação." — **Salmos 106:4**

Leitura de hoje: abra sua Bíblia e leia todo o Salmo 106.
Faça essa leitura com calma, é uma leitura
longa, caso precise, volte e releia.
Minha irmã, quanto você tem implorado a Deus
para que Ele seja misericordioso com você? Tem
implorado por Sua graça e para salvar-te?
Depois da leitura, retorne e responda seu devocional para que
eu possa lhe ajudar no entendimento da palavra do nosso Deus.

No seu Caderno Devocional:

- Escreva a palavra que mais chamou sua atenção.

- Relate tudo sobre o que o texto fala (locais, nomes, pessoas, datas, acontecimentos), pode ser em forma de tópicos também.

- Medite sobre o que o texto diz para você. Escute Deus falando sobre você, através de situações, momentos, emoções e sentimentos. Seja detalhista nos fatos.

- Ore sobre o que o texto te faz responder ao Senhor, depois escreva a sua oração. Converse com Deus, com suas palavras, do seu jeito, usando a sua linguagem. Lembre-se: Deus conhece você.

- Contemple o Senhor sobre tudo o que a Palavra fez em você. Louve-o pelo que Ele é, o que Ele faz e o que Ele fará. Depois escreva o seu compromisso em mudar algo que você precisa, para viver como a palavra nos convida a viver e a ser.

♥

Oração

Ó, Senhor, seja misericordioso com nós, que a Tua graça seja transbordada em nós a cada dia que estamos mais íntimas de Ti, salva-nos Senhor, nós queremos está na Tua presença por todo o sempre.

Dia 107   Data: __ /__ / __

"Os retos hão de ver e se alegrar, e toda a iniquidade fechará a sua boca." — Salmos 107:42

Leitura de hoje: leia todo o Salmo 107.
O salmo de hoje nos apresenta como é a vida de quem tem o entendimento da misericórdia do Senhor.
Dar graças, louvar, servir, clamar e andar no caminho reto, fazem parte do dia a dia da serva fiel.
Precisamos aprender a fazer por amor e não por medo de ir pro inferno, entende minha irmã? Só a intimidade adquirida todos os dias nos faz amar e querer sempre esse amor.
Depois da leitura, retorne e responda seu devocional.

No seu Caderno Devocional:

- Escreva a palavra que mais chamou sua atenção.

- Relate tudo sobre o que o texto fala (locais, nomes, pessoas, datas, acontecimentos), pode ser em forma de tópicos também.

- Medite sobre o que o texto diz para você. Escute Deus falando sobre você, através de situações, momentos, emoções e sentimentos. Seja detalhista nos fatos.

- Ore sobre o que o texto te faz responder ao Senhor, depois escreva a sua oração. Converse com Deus, com suas palavras, do seu jeito, usando a sua linguagem. Lembre-se: Deus conhece você.

- Contemple o Senhor sobre tudo o que a Palavra fez em você. Louve-o pelo que Ele é, o que Ele faz e o que Ele fará. Depois escreva o seu compromisso em mudar algo que você precisa, para viver como a palavra nos convida a viver e a ser.

Oração

Eu profetizo na vida da minha irmã que está aqui neste momento, para que ela terá cada dia mais intimidade com nosso amado, Senhor.

Dia 108   Data: __ / __ / __

*"Eu te louvarei, ó SENHOR, entre o povo, e cantarei louvores a ti entre as nações." — **Salmos 108:6***

Leitura de hoje: leia o Salmos 108.
A palavra do Senhor precisa ser dita, anunciada, levada a todos que podemos alcançar. Nos tempos de hoje, temos muitos meios de propagar uma informação. Chegou o dia minha irmã, hoje o Senhor está nos falando que podemos levar a Sua palavra a todos os povos. Depois da leitura, retorne e responda seu devocional e esteja mais íntima do nosso Amado.

No seu Caderno Devocional:

- Escreva a palavra que mais chamou sua atenção.

- Relate tudo sobre o que o texto fala (locais, nomes, pessoas, datas, acontecimentos), pode ser em forma de tópicos também.

- Medite sobre o que o texto diz para você. Escute Deus falando sobre você, através de situações, momentos, emoções e sentimentos. Seja detalhista nos fatos.

- Ore sobre o que o texto te faz responder ao Senhor, depois escreva a sua oração. Converse com Deus, com suas palavras, do seu jeito, usando a sua linguagem. Lembre-se: Deus conhece você.

- Contemple o Senhor sobre tudo o que a Palavra fez em você. Louve-o pelo que Ele é, o que Ele faz e o que Ele fará. Depois escreva o seu compromisso em mudar algo que você precisa, para viver como a palavra nos convida a viver e a ser.

Oração

Senhor, que eu veja todas as oportunidades de falar de Ti, que eu seja uma missionária, utilizando todos os meios que Tu me proporcionaste ter, que eu seja ousada e transmita o Teu amor.

Dia 109   Data: __ /__ / __

*"Por causa do meu amor eles são meus adversários,
mas eu me dou à oração."* **— Salmos 109:4**

Leitura de hoje: leia todo o Salmo 109.
O Salmo de hoje nos ensina sobre a língua mentirosa.
O que você tem falado, edifica sua vida?
O que você tem ouvido a seu respeito?
Minha irmã, lembre-se que a caminhada com Jesus não agrada
a todos, muitos não entendem a explosão de amor que existe
em você. Não dê ouvidos a eles, continue no caminho.
Depois da leitura, retorne e responda seu devocional.

No seu Caderno Devocional:

- Escreva a palavra que mais chamou sua atenção.

- Relate tudo sobre o que o texto fala (locais, nomes, pessoas, datas, acontecimentos), pode ser em forma de tópicos também.

- Medite sobre o que o texto diz para você. Escute Deus falando sobre você, através de situações, momentos, emoções e sentimentos. Seja detalhista nos fatos.

- Ore sobre o que o texto te faz responder ao Senhor, depois escreva a sua oração. Converse com Deus, com suas palavras, do seu jeito, usando a sua linguagem. Lembre-se: Deus conhece você.

- Contemple o Senhor sobre tudo o que a Palavra fez em você. Louve-o pelo que Ele é, o que Ele faz e o que Ele fará. Depois escreva o seu compromisso em mudar algo que você precisa, para viver como a palavra nos convida a viver e a ser.

Oração

Senhor, meu Deus, que possamos permanecer firmes na caminhada
Contigo, que todas as adversidades e todas as palavras
mentirosas caiam por terra, que nada me atinja ou me desanime.

Dia 110   Data: __ /__ / __

"O SENHOR enviará a vara da tua força para fora de Sião; governe tu no meio dos teus inimigos." — Salmos 110:2

Leitura de hoje: leia todo o Salmo 110. Faça essa leitura refletindo em cada versículo, leia duas vezes.Só o Senhor tem o poder de fazer e desfazer. Confia somente Nele, só Ele tem a força maior. Minha irmã, o Senhor hoje me pede para lembrá-la que muitas vezes queremos derrotar nossos inimigos (problemas) com nossas próprias forças, do nosso jeito. Mas só Ele pode lhe ajudar, Ele é a solução, deixa Ele resolver. Agora mesmo, entregue os seus inimigos pra Deus. Espere e confie que Ele vai resolver. Isso é ter fé. Depois da leitura, retorne e responda seu devocional e diga para Deus que quer senti-lo.

No seu Caderno Devocional:

- Escreva a palavra que mais chamou sua atenção.

- Relate tudo sobre o que o texto fala (locais, nomes, pessoas, datas, acontecimentos), pode ser em forma de tópicos também.

- Medite sobre o que o texto diz para você. Escute Deus falando sobre você, através de situações, momentos, emoções e sentimentos. Seja detalhista nos fatos.

- Ore sobre o que o texto te faz responder ao Senhor, depois escreva a sua oração. Converse com Deus, com suas palavras, do seu jeito, usando a sua linguagem. Lembre-se: Deus conhece você.

- Contemple o Senhor sobre tudo o que a Palavra fez em você. Louve-o pelo que Ele é, o que Ele faz e o que Ele fará. Depois escreva o seu compromisso em mudar algo que você precisa, para viver como a palavra nos convida a viver e a ser.

Oração

Ó, Jesus, como Tu me ensinas, gratidão por ter vindo até nós, nos socorrer, nos ensinar como pedir à ajuda da maneira certa, para Quem pode nos ajudar. Eu Te entrego todas as minhas aflições Senhor. Eu confio que Tu resolverás tudo com meus inimigos. Eu esperarei pelo tempo necessário.

Dia 111   Data: __ / __ / __

> "As obras do SENHOR são grandes, buscadas por
> todos os que tem prazer nelas." — **Salmos 111:2**

Leitura de hoje: abra a sua Bíblia e leia todo o Salmo 111.
Quero lhe pedir para que leia três vezes o salmo de hoje.
Hoje a palavra nos ensina como pensar nas obras de Deus.
Minha amiga, quero lhe pedir para se recordar
das obras que o Senhor já fez na sua vida. A cada
lembrança, você vai dar uma glória a Deus.
Faça uma relação no seu caderno de devocional.
Depois da leitura e lembrança, continue
aqui e responda as perguntas.

No seu Caderno Devocional:

- Escreva a palavra que mais chamou sua atenção.
- Relate tudo sobre o que o texto fala (locais, nomes, pessoas, datas, acontecimentos), pode ser em forma de tópicos também.
- Medite sobre o que o texto diz para você. Escute Deus falando sobre você, através de situações, momentos, emoções e sentimentos. Seja detalhista nos fatos.
- Ore sobre o que o texto te faz responder ao Senhor, depois escreva a sua oração. Converse com Deus, com suas palavras, do seu jeito, usando a sua linguagem. Lembre-se: Deus conhece você.
- Contemple o Senhor sobre tudo o que a Palavra fez em você. Louve-o pelo que Ele é, o que Ele faz e o que Ele fará. Depois escreva o seu compromisso em mudar algo que você precisa, para viver como a palavra nos convida a viver e a ser.

Oração

Senhor, que eu sempre me lembre do que já fez, faz e fará
na minha vida, todas as obras que o Senhor realiza em mim,
para mim. Tu és o melhor mestre de obras, Tu és perfeito.

Dia 112   Data: __ /__ / __

> "Sua semente será poderosa sobre a terra; a geração
> dos retos será abençoada." — **Salmos 112:2**

Leitura de hoje: com confiança leia todo o Salmo 112.
Faça a leitura duas vezes, pausadamente.
Hoje o salmo nos fala sobre nossas gerações.
Minha irmã, o que estamos fazendo hoje na nossa família,
será prosperado por muitas gerações. Se você é filha, esposa
e/ou mãe, seja intencional na sua casa. Plante a semente
do Senhor nos seus, cultive, cuide e irá florescer.
Depois da leitura, volte e responda as questões do
seu devocional..

No seu Caderno Devocional:

- Escreva a palavra que mais chamou sua atenção.

- Relate tudo sobre o que o texto fala (locais, nomes, pessoas, datas, acontecimentos), pode ser em forma de tópicos também.

- Medite sobre o que o texto diz para você. Escute Deus falando sobre você, através de situações, momentos, emoções e sentimentos. Seja detalhista nos fatos.

- Ore sobre o que o texto te faz responder ao Senhor, depois escreva a sua oração. Converse com Deus, com suas palavras, do seu jeito, usando a sua linguagem. Lembre-se: Deus conhece você.

- Contemple o Senhor sobre tudo o que a Palavra fez em você. Louve-o pelo que Ele é, o que Ele faz e o que Ele fará. Depois escreva o seu compromisso em mudar algo que você precisa, para viver como a palavra nos convida a viver e a ser.

♥

Oração

Ó, Senhor, que nós possamos levar a Tua presença,
em ações e palavras, para nossa casa, que saibamos
plantar a Tua semente com sabedoria.

Dia 113   Data: __ /__ / __

*"Desde o nascer até o pôr do sol, o nome do
SENHOR é para ser louvado." — **Salmos 113:3***

Leitura de hoje: leia todo o Salmo 113.
Gostaria de te pedir para fazer essa leitura em voz alta, duas vezes.
Minha amiga, o salmo de hoje nos mostra como devemos
estar com o Senhor desde o acordar até o dormir.
Durante todo esse dia, coloque o alarme do celular a cada
hora e dê um brado de louvor a Deus a cada lembrete.
Depois da leitura, volte e responda as questões
do seu devocional elas te guiarão.

No seu Caderno Devocional:

- Escreva a palavra que mais chamou sua atenção.

- Relate tudo sobre o que o texto fala (locais, nomes, pessoas, datas, acontecimentos), pode ser em forma de tópicos também.

- Medite sobre o que o texto diz para você. Escute Deus falando sobre você, através de situações, momentos, emoções e sentimentos. Seja detalhista nos fatos.

- Ore sobre o que o texto te faz responder ao Senhor, depois escreva a sua oração. Converse com Deus, com suas palavras, do seu jeito, usando a sua linguagem. Lembre-se: Deus conhece você.

- Contemple o Senhor sobre tudo o que a Palavra fez em você. Louve-o pelo que Ele é, o que Ele faz e o que Ele fará. Depois escreva o seu compromisso em mudar algo que você precisa, para viver como a palavra nos convida a viver e a ser.

Oração

Meu Senhor e meu Deus, toma de conta do nosso dia, que eu
me recorde de Ti a cada instante, Tu és meu amor maior.

Dia 114   Data: __ /__ / __

"O que te afligiu, ó mar, que fugiste? E tu, Jordão, para que voltaste para trás?" — **Salmos 114:5**

Leitura de hoje: leia todo o Salmo 114.
Faça essa leitura três vezes e em voz alta, se possível.
Minha irmã, o que a faz desistir da presença
do Senhor quando estas aflita?
Nós temos problemas diários, e todos eles testam a nossa fé.
A cada problema no dia de hoje, lembre-se de dizer:
"Senhor eu estou em Tua presença, o que devo fazer?"
Agora, responda as questões do seu devocional com bom ânimo.

No seu Caderno Devocional:

- Escreva a palavra que mais chamou sua atenção.

- Relate tudo sobre o que o texto fala (locais, nomes, pessoas, datas, acontecimentos), pode ser em forma de tópicos também.

- Medite sobre o que o texto diz para você. Escute Deus falando sobre você, através de situações, momentos, emoções e sentimentos. Seja detalhista nos fatos.

- Ore sobre o que o texto te faz responder ao Senhor, depois escreva a sua oração. Converse com Deus, com suas palavras, do seu jeito, usando a sua linguagem. Lembre-se: Deus conhece você.

- Contemple o Senhor sobre tudo o que a Palavra fez em você. Louve-o pelo que Ele é, o que Ele faz e o que Ele fará. Depois escreva o seu compromisso em mudar algo que você precisa, para viver como a palavra nos convida a viver e a ser.

Oração

Que minha fé e esperança sejam maiores que meus problemas e desânimos. Socorre-me Senhor e não me deixes cair, mas se eu cair que o Senhor me levante.

Dia 115   Data: __ / __ / __

"Ó Israel, confia no SENHOR; ele é o seu socorro e o seu escudo." — **Salmos 115:9**

Leitura de hoje: leia todo o Salmo 115.
Gostaria de te pedir para fazer essa leitura pausadamente.
O salmo de hoje nos ensina a confiar, a pedir socorro ao nosso Senhor e lembrá-la que só Ele é nosso protetor.
Minha amiga, você precisa confiar sem querer resolver do seu jeito. Sabe aquele problema que você está tentando resolver há um tempo. Entregue ele agora nas mãos do Senhor e descanse até o Senhor resolver. Só faça o que Deus lhe pedir.
Depois da leitura, retorne aqui e responda seu devocional.

No seu Caderno Devocional:

- Escreva a palavra que mais chamou sua atenção.

- Relate tudo sobre o que o texto fala (locais, nomes, pessoas, datas, acontecimentos), pode ser em forma de tópicos também.

- Medite sobre o que o texto diz para você. Escute Deus falando sobre você, através de situações, momentos, emoções e sentimentos. Seja detalhista nos fatos.

- Ore sobre o que o texto te faz responder ao Senhor, depois escreva a sua oração. Converse com Deus, com suas palavras, do seu jeito, usando a sua linguagem. Lembre-se: Deus conhece você.

- Contemple o Senhor sobre tudo o que a Palavra fez em você. Louve-o pelo que Ele é, o que Ele faz e o que Ele fará. Depois escreva o seu compromisso em mudar algo que você precisa, para viver como a palavra nos convida a viver e a ser.

Oração

Senhor, eu Ti entrego toda a minha vida, transforma o que precisa ser transformado, muda o que precisa mudar, cura o que precisa ser curado.

Dia 116 Data: __ /__ / __

"Gracioso é o SENHOR e justo; sim, o nosso Deus é misericordioso." — **Salmos 116:5**

Leitura de hoje: leia todo o Salmo 116.
Gostaria de te pedir para fazer essa leitura com calma e atenção.
Louve, cante e adore nosso Deus. Ele faz tudo para você.
O salmo de hoje nos mostra como é a justiça do Senhor.
Quando estamos andando na sua presença, quando nós
cremos Nele, Ele nos justifica, Ele nos protege, Ele nos guia.
Minha irmã entregue-se agora mesmo ao Senhor.
Depois da leitura, retorne aqui e responda as questões
do seu devocional, elas farão você ver nosso Deus.

No seu Caderno Devocional:

- Escreva a palavra que mais chamou sua atenção.

- Relate tudo sobre o que o texto fala (locais, nomes, pessoas, datas, acontecimentos), pode ser em forma de tópicos também.

- Medite sobre o que o texto diz para você. Escute Deus falando sobre você, através de situações, momentos, emoções e sentimentos. Seja detalhista nos fatos.

- Ore sobre o que o texto te faz responder ao Senhor, depois escreva a sua oração. Converse com Deus, com suas palavras, do seu jeito, usando a sua linguagem. Lembre-se: Deus conhece você.

- Contemple o Senhor sobre tudo o que a Palavra fez em você. Louve-o pelo que Ele é, o que Ele faz e o que Ele fará. Depois escreva o seu compromisso em mudar algo que você precisa, para viver como a palavra nos convida a viver e a ser.

Oração

Meu Deus, eu entrego a minha vida a Ti, que meus dias sejam para Ti servir, para Ti adorar, para Ti louvar. Tu és a minha justiça.

Dia 117   Data: __ / __ / __

*"Louvai o SENHOR, todas vós nações, louvai-o
todos vós povos."* — **Salmos 117:1**

Leitura de hoje: Leia o Salmo 117.

Hoje o salmo nos diz sobre a verdade do nosso amado Deus. Gostaria de te pedir para escrever em um pedaço de papel a frase: A verdade do Senhor dura para sempre. E coloque em algum lugar que você irá ver durante todo o dia. Tome posse desta afirmação. Hoje é dia de celebrar, ouça uma música de louvor, adore o seu Deus. Chame Ele para o seu dia. Depois da leitura, retorne aqui e responda as questões.

No seu Caderno Devocional:

- Escreva a palavra que mais chamou sua atenção.

- Relate tudo sobre o que o texto fala (locais, nomes, pessoas, datas, acontecimentos), pode ser em forma de tópicos também.

- Medite sobre o que o texto diz para você. Escute Deus falando sobre você, através de situações, momentos, emoções e sentimentos. Seja detalhista nos fatos.

- Ore sobre o que o texto te faz responder ao Senhor, depois escreva a sua oração. Converse com Deus, com suas palavras, do seu jeito, usando a sua linguagem. Lembre-se: Deus conhece você.

- Contemple o Senhor sobre tudo o que a Palavra fez em você. Louve-o pelo que Ele é, o que Ele faz e o que Ele fará. Depois escreva o seu compromisso em mudar algo que você precisa, para viver como a palavra nos convida a viver e a ser.

Oração

Senhor, Tu és a verdade que me cerca, eu quero
viver a Tua verdade, louvado és Tu meu Deus
por tamanha misericórdia para comigo.

Dia 118   Data: __ / __ / __

*"Este é o dia que o SENHOR fez; nós nos regozijaremos,
e nos alegraremos nele."* **— Salmos 118:24**

Leitura de hoje: abra sua Bíblia e leia todo o Salmo 118.
Leia com muita atenção cada versículo.
O salmo de hoje nos ensina que o Senhor Deus preparou este
dia para você. Como no seu aniversário, o dia é todo seu.
O Senhor preparou este dia inteiro para você ser feliz,
próspera, graciosa, amada. Aproveite cada minuto, olhe ao
seu redor e veja o Senhor em tudo. Ele te ama minha irmã.
Depois da leitura, retorne aqui e responda as questões.

No seu Caderno Devocional:

- Escreva a palavra que mais chamou sua atenção.

- Relate tudo sobre o que o texto fala (locais, nomes, pessoas, datas, acontecimentos), pode ser em forma de tópicos também.

- Medite sobre o que o texto diz para você. Escute Deus falando sobre você, através de situações, momentos, emoções e sentimentos. Seja detalhista nos fatos.

- Ore sobre o que o texto te faz responder ao Senhor, depois escreva a sua oração. Converse com Deus, com suas palavras, do seu jeito, usando a sua linguagem. Lembre-se: Deus conhece você.

- Contemple o Senhor sobre tudo o que a Palavra fez em você. Louve-o pelo que Ele é, o que Ele faz e o que Ele fará. Depois escreva o seu compromisso em mudar algo que você precisa, para viver como a palavra nos convida a viver e a ser.

♥

Oração

*Senhor, louvado seja Tu que me deste este
dia, esta oportunidade de provar a Tua
criação. Gratidão pela minha vida.*

Dia 119: 1-8   Data: __ /__ / __

*"Abençoados são aqueles que guardam os seus testemunhos,
e que o buscam com todo o coração." — **Salmos 119:2***

Leitura de hoje: Leia todo o Salmos 119: 1-8.
Leia com calma e atenção.
A palavra de hoje nos diz sobre bênçaos.
Minha irmã somos abençoadas por andarmos no Senhor.
Deus é fiel, confie.
Durante todo o dia, repita para você e para outros
que precisarão ouvir essa verdade: Deus é fiel para
aqueles que O buscam de todo o coração.
Depois da leitura, retorne aqui e responda as questões..

No seu Caderno Devocional:

- Escreva a palavra que mais chamou sua atenção.

- Relate tudo sobre o que o texto fala (locais, nomes, pessoas, datas, acontecimentos), pode ser em forma de tópicos também.

- Medite sobre o que o texto diz para você. Escute Deus falando sobre você, através de situações, momentos, emoções e sentimentos. Seja detalhista nos fatos.

- Ore sobre o que o texto te faz responder ao Senhor, depois escreva a sua oração. Converse com Deus, com suas palavras, do seu jeito, usando a sua linguagem. Lembre-se: Deus conhece você.

- Contemple o Senhor sobre tudo o que a Palavra fez em você. Louve-o pelo que Ele é, o que Ele faz e o que Ele fará. Depois escreva o seu compromisso em mudar algo que você precisa, para viver como a palavra nos convida a viver e a ser.

Oração

Senhor, que nós possamos reconhecer o Teu caminho, e estar
sempre Contigo, pois seremos abençoadas pela Tua justiça.

Dia 119: 9-16   Data: __ / __ / __

"Com todo o meu coração te busquei; Ó, não me deixes desviar dos teus mandamentos." **— Salmos 119:10**

Leitura de hoje: leia todo o Salmo 119: 9-16.
Leia três vezes o salmo com atenção.
Hoje, minha amiga, o Senhor nos convida a clamarmos por entendimento da Sua Palavra para não nos desviarmos.
No dia de hoje, minha amiga, lhe convido a fazer um compromisso com a palavra de Deus, em que todas as suas ações serão respaldadas na palavra.
Depois da leitura, retorne aqui e responda as questões.

No seu Caderno Devocional:

- Escreva a palavra que mais chamou sua atenção.

- Relate tudo sobre o que o texto fala (locais, nomes, pessoas, datas, acontecimentos), pode ser em forma de tópicos também.

- Medite sobre o que o texto diz para você. Escute Deus falando sobre você, através de situações, momentos, emoções e sentimentos. Seja detalhista nos fatos.

- Ore sobre o que o texto te faz responder ao Senhor, depois escreva a sua oração. Converse com Deus, com suas palavras, do seu jeito, usando a sua linguagem. Lembre-se: Deus conhece você.

- Contemple o Senhor sobre tudo o que a Palavra fez em você. Louve-o pelo que Ele é, o que Ele faz e o que Ele fará. Depois escreva o seu compromisso em mudar algo que você precisa, para viver como a palavra nos convida a viver e a ser.

♥

Oração

Senhor, que minha irmã de devocional busque os Teus mandamentos, que ela e eu possamos cada dia mais termos entendimento e sabedoria para andar nos Teus caminhos para a santidade.

Dia 119: 17-24   Data: __ / __ / __

"Abre tu os meus olhos, para que eu possa contemplar as coisas maravilhosas da tua lei." — **Salmos 119:18**

Leitura de hoje: retorne à sua Bíblia e leia o Salmo 119:17-24.

O salmo de hoje nos fala sobre: ver a Deus e suas maravilhas. Minha irmã, hoje te convido a tirar as vendas dos olhos e enxergar Deus do seu lado, Ele está aí neste momento com você, abrace-O, beije-O, converse com Ele e contemple tudo a sua volta, foi Ele que fez para você. Não deixe que seus problemas cubram sua visão. Depois da leitura e reflexões, retorne aqui e responda as questões.

No seu Caderno Devocional:

- Escreva a palavra que mais chamou sua atenção.

- Relate tudo sobre o que o texto fala (locais, nomes, pessoas, datas, acontecimentos), pode ser em forma de tópicos também.

- Medite sobre o que o texto diz para você. Escute Deus falando sobre você, através de situações, momentos, emoções e sentimentos. Seja detalhista nos fatos.

- Ore sobre o que o texto te faz responder ao Senhor, depois escreva a sua oração. Converse com Deus, com suas palavras, do seu jeito, usando a sua linguagem. Lembre-se: Deus conhece você.

- Contemple o Senhor sobre tudo o que a Palavra fez em você. Louve-o pelo que Ele é, o que Ele faz e o que Ele fará. Depois escreva o seu compromisso em mudar algo que você precisa, para viver como a palavra nos convida a viver e a ser.

Oração

Ó, Senhor, que nós possamos Te ver, ouvir e sentir. Me abraça Senhor, me beija, me dá carinho, eu me sinto tão feliz Contigo, obrigada quando ouço o Senhor me dizendo que sou linda

Dia 119: 25-32   Data: __ /__ / __

"Faze-me entender o caminho dos teus preceitos; assim falarei das tuas obras maravilhosas." — **Salmos 119:27**

Leitura de hoje: leia todo o Salmo 119:25-32.

Faça essa leitura em voz alta, se possível.

Minha irmã, hoje o Senhor pede para que você se recorde que é através de você que sua casa andará com Ele, mas você precisa entender os mandamentos do Senhor, é na sua caminhada que os seus irão lhe acompanhar. Dê o seu exemplo primeiro na sua casa. Aí é o ponto de partida, e o Senhor lhe diz que seja forte e corajosa. Depois da leitura realizada, retorne e responda seu devocional.

No seu Caderno Devocional:

- Escreva a palavra que mais chamou sua atenção.

- Relate tudo sobre o que o texto fala (locais, nomes, pessoas, datas, acontecimentos), pode ser em forma de tópicos também.

- Medite sobre o que o texto diz para você. Escute Deus falando sobre você, através de situações, momentos, emoções e sentimentos. Seja detalhista nos fatos.

- Ore sobre o que o texto te faz responder ao Senhor, depois escreva a sua oração. Converse com Deus, com suas palavras, do seu jeito, usando a sua linguagem. Lembre-se: Deus conhece você.

- Contemple o Senhor sobre tudo o que a Palavra fez em você. Louve-o pelo que Ele é, o que Ele faz e o que Ele fará. Depois escreva o seu compromisso em mudar algo que você precisa, para viver como a palavra nos convida a viver e a ser.

Oração

Senhor, eu Te desejo no meu ser, me faz como Tu queres que eu seja, me faz ver as Tuas obras.

Dia 119: 33-40   Data: __ /__ / __

"Desvia de mim a minha vergonha, a qual eu temo,
pois os teus juízos são bons." — **Salmos 119:39**

Leitura de hoje: leia todo o Salmo 119: 33-40.
Leia e marque na sua bíblia a palavra VAIDADE.
Minha amiga, lembre-se que somos tendenciosas às
coisas que não são de Deus, as coisas desse mundo.
Para que nós possamos entender os mandamentos
do Senhor precisamos colocar em prática. Pratique a
gentileza, durante todo esse dia. Seja gentil com todos
aqueles que estiverem com você no dia de hoje.
Depois da leitura, retorne aqui e responda as questões.

No seu Caderno Devocional:

- Escreva a palavra que mais chamou sua atenção.
- Relate tudo sobre o que o texto fala (locais, nomes, pessoas, datas, acontecimentos), pode ser em forma de tópicos também.
- Medite sobre o que o texto diz para você. Escute Deus falando sobre você, através de situações, momentos, emoções e sentimentos. Seja detalhista nos fatos.
- Ore sobre o que o texto te faz responder ao Senhor, depois escreva a sua oração. Converse com Deus, com suas palavras, do seu jeito, usando a sua linguagem. Lembre-se: Deus conhece você.
- Contemple o Senhor sobre tudo o que a Palavra fez em você. Louve-o pelo que Ele é, o que Ele faz e o que Ele fará. Depois escreva o seu compromisso em mudar algo que você precisa, para viver como a palavra nos convida a viver e a ser.

Oração

Meu Senhor, que eu entenda que através da vaidade eu me
aproximo mais das coisas do mundo do que de Ti. Eu quero
ser íntima de Ti Senhor e andar com Teus mandamentos.

Dia 119: 41-48   Data: __ / __ / __

"Venham sobre mim também as tuas misericórdias, ó SENHOR, a tua salvação, segundo a tua palavra." —Salmos 119:41

Leitura de hoje: leia todo o Salmo 119: 41-48. Leia duas vezes o salmo pausadamente. Gostaria de pedir para que você faça essa leitura lembrando quantas vezes você já fez uma aliança com o Senhor. Minha irmã, muitas vezes falamos com Deus sobre exercer a misericórdia Dele sobre nós com toda sua justiça, mas continuamos tristes e amarguradas e duvidamos das promessas de Deus porque pensamos está demorando muito acontecer. Mas lembre-se que precisamos estar verdadeiramente cumprindo os mandamentos do nosso Deus para que o Senhor cuide de nós, em cada etapa do nosso processo, para recebermos as bênçãos. Depois da leitura, retorne aqui e responda as questões de intimidade com Deus..

No seu Caderno Devocional:

- Escreva a palavra que mais chamou sua atenção.

- Relate tudo sobre o que o texto fala (locais, nomes, pessoas, datas, acontecimentos), pode ser em forma de tópicos também.

- Medite sobre o que o texto diz para você. Escute Deus falando sobre você, através de situações, momentos, emoções e sentimentos. Seja detalhista nos fatos.

- Ore sobre o que o texto te faz responder ao Senhor, depois escreva a sua oração. Converse com Deus, com suas palavras, do seu jeito, usando a sua linguagem. Lembre-se: Deus conhece você.

- Contemple o Senhor sobre tudo o que a Palavra fez em você. Louve-o pelo que Ele é, o que Ele faz e o que Ele fará. Depois escreva o seu compromisso em mudar algo que você precisa, para viver como a palavra nos convida a viver e a ser.

♥

Oração

Senhor, que eu Te procure no meu secreto e seja intima de Ti, para entender e praticar Teus mandamentos de todo o meu coração e assim sua misericórdia desça sobre mim. (lembre-se de alguém que quer que esteja nesta caminhada com você)

Dia 119: 49-56   Data: __ /__ / __

*"Este é o meu consolo na minha aflição, pois a
tua palavra me vivificou."* — **Salmos 119:50**

Leitura de hoje: leia todo o Salmo 119:49-56.
Faça a leitura com voz branda, no fim de cada
versículo, fale: EU ESPERO EM TI.
Hoje, minha irmã, o salmo nos lembra de termos esperança.
Transborde o seu coração de fé, ter esperança nas
promessas de Deus, confia, Ele irá fazer.
Depois da leitura, retorne aqui e responda as questões.

No seu Caderno Devocional:

- Escreva a palavra que mais chamou sua atenção.

- Relate tudo sobre o que o texto fala (locais, nomes, pessoas,
datas, acontecimentos), pode ser em forma de tópicos também.

- Medite sobre o que o texto diz para você. Escute Deus falando
sobre você, através de situações, momentos, emoções e sentimentos. Seja detalhista nos fatos.

- Ore sobre o que o texto te faz responder ao Senhor, depois escreva a sua oração. Converse com Deus, com suas palavras, do seu
jeito, usando a sua linguagem. Lembre-se: Deus conhece você.

- Contemple o Senhor sobre tudo o que a Palavra fez em você.
Louve-o pelo que Ele é, o que Ele faz e o que Ele fará. Depois
escreva o seu compromisso em mudar algo que você precisa,
para viver como a palavra nos convida a viver e a ser.

Oração

Senhor que a minha esperança esteja em Ti. Tu
irás fazer as Tuas maravilhas sempre na minha vida.
E eu poderei testemunhar os Teus feitos.

Dia 119: 57-64   Data: __ /__ / __

"A terra, ó SENHOR, está cheia da tua misericórdia;
*ensina-me os teus estatutos." — **Salmos 119:64***

Leitura de hoje: Abra a sua bíblia e leia o Salmos 119:57-64.
Mulher, hoje a palavra nos fala sobre procurar
conhecer mais o nosso Senhor Deus.
Onde tens andado? Com quem tem andado?
Os lugares e pessoas tem ensinado você mais sobre Deus?
Deus nos quer, Deus nos deseja, Ele é misericordioso,
Ele quer nos ensinar o seu caminho.
Se abra ao Senhor e verá sua misericórdia.
Depois da leitura continue aqui e responda o seu devocional.

No seu Caderno Devocional:

- Escreva a palavra que mais chamou sua atenção.

- Relate tudo sobre o que o texto fala (locais, nomes, pessoas, datas, acontecimentos), pode ser em forma de tópicos também.

- Medite sobre o que o texto diz para você. Escute Deus falando sobre você, através de situações, momentos, emoções e sentimentos. Seja detalhista nos fatos.

- Ore sobre o que o texto te faz responder ao Senhor, depois escreva a sua oração. Converse com Deus, com suas palavras, do seu jeito, usando a sua linguagem. Lembre-se: Deus conhece você.

- Contemple o Senhor sobre tudo o que a Palavra fez em você. Louve-o pelo que Ele é, o que Ele faz e o que Ele fará. Depois escreva o seu compromisso em mudar algo que você precisa, para viver como a palavra nos convida a viver e a ser.

♥

Oração

Senhor que nós te desejemos todos os dias, e que
Tuas misericórdias sejam vistas por nós.

Dia 119: 65-72   Data: __ /__ / __

"Antes de ser afligido eu segui um mau caminho; mas agora tenho guardado a tua palavra." — **Salmos 119:67**

Leitura de hoje: Retorne a sua bíblia e leia o Salmos 119:65-72.
Minha irmã, nosso Senhor hoje nos fala sobre arrependimento, Ele se agrada do seu coração aquebrantado de amor por Ele. Isso é confiar que não existe outro caminho melhor, do que este que nos leva ao céu.
Pare e lembre dos caminhos que tomou e lhe distanciou do Senhor, volte-se a Ele e O deixe cuidar de você e lhe guiar.
Depois de meditar, retorne aqui e complete seu devocional.

No seu Caderno Devocional:

- Escreva a palavra que mais chamou sua atenção.

- Relate tudo sobre o que o texto fala (locais, nomes, pessoas, datas, acontecimentos), pode ser em forma de tópicos também.

- Medite sobre o que o texto diz para você. Escute Deus falando sobre você, através de situações, momentos, emoções e sentimentos. Seja detalhista nos fatos.

- Ore sobre o que o texto te faz responder ao Senhor, depois escreva a sua oração. Converse com Deus, com suas palavras, do seu jeito, usando a sua linguagem. Lembre-se: Deus conhece você.

- Contemple o Senhor sobre tudo o que a Palavra fez em você. Louve-o pelo que Ele é, o que Ele faz e o que Ele fará. Depois escreva o seu compromisso em mudar algo que você precisa, para viver como a palavra nos convida a viver e a ser.

Oração

Senhor eu me arrependo de todo caminho contrário aos Teus eu tomei, me faça sempre enxergar a Tua luz, o Teu trono, o Teu querer na minha vida. Eu Te desejo Senhor.

Dia 119: 73-80   Data: __ /__ /__

*"As tuas mãos me fizeram e me formaram;
dá-me entendimento para que eu possa aprender
os teus mandamentos." — Salmos 119:73*

Leitura reservada a você hoje: Salmos 119: 73-80.
Leia com um coração cheio de amor e atenção.
Hoje a palavra nos faz lembrar sobre a nossa criação.
Leia também: Gênesis 1: 26
Mulher, lembre-se que só Deus nos dá o entendimento.
Para sermos mulheres sábias precisamos de Deus, Ele nos criou,
Ele nos conhece, Ele quer realizar em nós todo o propósito.
Depois da leitura retorne aqui e responda seu devocional.

No seu Caderno Devocional:

- Escreva a palavra que mais chamou sua atenção.

- Relate tudo sobre o que o texto fala (locais, nomes, pessoas, datas, acontecimentos), pode ser em forma de tópicos também.

- Medite sobre o que o texto diz para você. Escute Deus falando sobre você, através de situações, momentos, emoções e sentimentos. Seja detalhista nos fatos.

- Ore sobre o que o texto te faz responder ao Senhor, depois escreva a sua oração. Converse com Deus, com suas palavras, do seu jeito, usando a sua linguagem. Lembre-se: Deus conhece você.

- Contemple o Senhor sobre tudo o que a Palavra fez em você. Louve-o pelo que Ele é, o que Ele faz e o que Ele fará. Depois escreva o seu compromisso em mudar algo que você precisa, para viver como a palavra nos convida a viver e a ser.

Oração

*Senhor meu Criador, realiza em nós as Tuas obras,
nos dá o entendimento que precisamos.*

Dia 119: 81-88   Data: __ /__ / __

"Vivifica-me segundo a tua benignidade; assim guardarei
o testemunho da tua boca." — **Salmos 119:88**

Leitura de hoje: Salmos 119: 81-88.
Leia quantas vezes você precisar.
Minha irmã, hoje o salmo vem nos ensinar a esperar que nossas
ações tenham como base a palavra do Senhor. Tudo podemos
com fé, porque quando estamos com Deus todas as obras
Dele se realizam em nossas vidas, e não as nossas vontades.
Viver com Deus é viver com alegria das vontades de Deus.
Depois da leitura retorne aqui e responda as perguntas para
lhe ajudarem no entendimento da palavra do nosso Deus.

No seu Caderno Devocional:

- Escreva a palavra que mais chamou sua atenção.

- Relate tudo sobre o que o texto fala (locais, nomes, pessoas,
  datas, acontecimentos), pode ser em forma de tópicos também.

- Medite sobre o que o texto diz para você. Escute Deus falando
  sobre você, através de situações, momentos, emoções e sentimentos. Seja detalhista nos fatos.

- Ore sobre o que o texto te faz responder ao Senhor, depois escreva a sua oração. Converse com Deus, com suas palavras, do seu
  jeito, usando a sua linguagem. Lembre-se: Deus conhece você.

- Contemple o Senhor sobre tudo o que a Palavra fez em você.
  Louve-o pelo que Ele é, o que Ele faz e o que Ele fará. Depois
  escreva o seu compromisso em mudar algo que você precisa,
  para viver como a palavra nos convida a viver e a ser.

♥

Oração

Senhor que a Tua vontade seja a minha vontade,
que os Teus planos sejam os meus planos, que eu
guarde todas as Tuas palavras de vida.

Dia 119: 89-96   Data: __ / __ / __

"Sou teu, salva-me; pois tenho buscado os
teus preceitos." — **Salmos 119:94**

Leitura de hoje: Salmos 119: 89-96.
Leia todo o Salmo pausadamente.
Minha irmã, continue firme na sua busca pela
intimidade com o Senhor. Ele irá te glorificar.
Você já serve a obra do Senhor?
Convido você a procurar sua igreja e um ministério
para servir, quanto mais servirmos mais próximas
da presença do Senhor estaremos.
Depois da leitura, retorne e responda seu devocional.

No seu Caderno Devocional:

- Escreva a palavra que mais chamou sua atenção.

- Relate tudo sobre o que o texto fala (locais, nomes, pessoas, datas, acontecimentos), pode ser em forma de tópicos também.

- Medite sobre o que o texto diz para você. Escute Deus falando sobre você, através de situações, momentos, emoções e sentimentos. Seja detalhista nos fatos.

- Ore sobre o que o texto te faz responder ao Senhor, depois escreva a sua oração. Converse com Deus, com suas palavras, do seu jeito, usando a sua linguagem. Lembre-se: Deus conhece você.

- Contemple o Senhor sobre tudo o que a Palavra fez em você. Louve-o pelo que Ele é, o que Ele faz e o que Ele fará. Depois escreva o seu compromisso em mudar algo que você precisa, para viver como a palavra nos convida a viver e a ser.

♥

Oração

Meu Senhor, eu oro para que eu esteja sempre alinhada com o Teu propósito. Eu quero Ti servir de todo o meu coração. Eu quero aprender os Teus mandamentos Senhor, me ensina.

Dia 119: 97-104   Data: __ /__ / __

"Tu, através dos teus mandamentos, me fizeste mais sábio do que os meus inimigos; pois eles estão sempre comigo." — **Salmos 119:98**

Leitura de hoje: Salmo 119: 97-104
Faça essa leitura com calma, caso precise, volte e releia.
Minha irmã, precisamos conhecer a palavra de Deus.
Você já leu a Bíblia? Se não te convido a mergulhar na leitura para conhecer os ensinamentos do Senhor, se sim, te convido a ler novamente. O Senhor sempre nos dirá algo novo.
Depois da leitura, retorne e responda seu devocional.

No seu Caderno Devocional:

- Escreva a palavra que mais chamou sua atenção.

- Relate tudo sobre o que o texto fala (locais, nomes, pessoas, datas, acontecimentos), pode ser em forma de tópicos também.

- Medite sobre o que o texto diz para você. Escute Deus falando sobre você, através de situações, momentos, emoções e sentimentos. Seja detalhista nos fatos.

- Ore sobre o que o texto te faz responder ao Senhor, depois escreva a sua oração. Converse com Deus, com suas palavras, do seu jeito, usando a sua linguagem. Lembre-se: Deus conhece você.

- Contemple o Senhor sobre tudo o que a Palavra fez em você. Louve-o pelo que Ele é, o que Ele faz e o que Ele fará. Depois escreva o seu compromisso em mudar algo que você precisa, para viver como a palavra nos convida a viver e a ser.

Oração

Senhor Deus, nosso Aba, meu paizinho, eu lhe peço que nos dê ânimo para conhecer os Teus mandamentos através da leitura da bíblia, em nome de Jesus. Amém!

Dia 119: 105-112   Data: __ /__ / __

> *"Tua palavra é uma lâmpada para os meus pés, e luz para o meu caminho."* — **Salmos 119:105**

Leitura de hoje: Salmos 119: 105-112.
O salmo de hoje nos apresenta a luz da nossa salvação.
A palavra de Deus precisa ser lida, estudada, meditada e vivida.
Qual direção ou decisão você precisa tomar hoje?
Na palavra de Deus, o Senhor lhe diz.
Faça um propósito de leitura da bíblia, você aceita?
Minha irmã, nunca é tarde, e temos tempo,
só precisamos nos organizar.
Depois da leitura, retorne e responda seu devocional.

No seu Caderno Devocional:

- Escreva a palavra que mais chamou sua atenção.

- Relate tudo sobre o que o texto fala (locais, nomes, pessoas, datas, acontecimentos), pode ser em forma de tópicos também.

- Medite sobre o que o texto diz para você. Escute Deus falando sobre você, através de situações, momentos, emoções e sentimentos. Seja detalhista nos fatos.

- Ore sobre o que o texto te faz responder ao Senhor, depois escreva a sua oração. Converse com Deus, com suas palavras, do seu jeito, usando a sua linguagem. Lembre-se: Deus conhece você.

- Contemple o Senhor sobre tudo o que a Palavra fez em você. Louve-o pelo que Ele é, o que Ele faz e o que Ele fará. Depois escreva o seu compromisso em mudar algo que você precisa, para viver como a palavra nos convida a viver e a ser.

♥
Oração

Senhor nos ensina a sermos organizadas no nosso tempo, para que tenhamos tempo de qualidade contigo. Nos envolva na Tua palavra, para que possamos ter a luz que nos direciona no caminho certo. Em nome de Jesus. Amém!

Dia 119: 113-120   Data: __ /__ / __

"Apartai-vos de mim, malfeitores, pois guardarei os mandamentos do meu Deus." — **Salmos 119:115**

Leitura de hoje: Salmos 119: 113-120.
A palavra do Senhor precisa ser dita, anunciada,
levada a todos que podemos alcançar.
Quanto mais vivermos na presença de Deus, mas sua
palavra será vivida por nós e seremos suas testemunhas.
Convido você hoje a testemunha para o máximo de pessoas que
você está conhecendo a palavra do Deus vivo e ela é libertadora.
Depois da leitura, retorne e responda seu devocional.

No seu Caderno Devocional:

- Escreva a palavra que mais chamou sua atenção.

- Relate tudo sobre o que o texto fala (locais, nomes, pessoas, datas, acontecimentos), pode ser em forma de tópicos também.

- Medite sobre o que o texto diz para você. Escute Deus falando sobre você, através de situações, momentos, emoções e sentimentos. Seja detalhista nos fatos.

- Ore sobre o que o texto te faz responder ao Senhor, depois escreva a sua oração. Converse com Deus, com suas palavras, do seu jeito, usando a sua linguagem. Lembre-se: Deus conhece você.

- Contemple o Senhor sobre tudo o que a Palavra fez em você. Louve-o pelo que Ele é, o que Ele faz e o que Ele fará. Depois escreva o seu compromisso em mudar algo que você precisa, para viver como a palavra nos convida a viver e a ser.

♥

Oração

Senhor me encoraja a levar a Tua palavra para todas
as pessoas, que eu viva Teus mandamentos e seja
testemunha da Tua verdade, em nome de Jesus. Amém!

Dia 119: 121-128   Data: __ / __ / __

"Eu sou teu servo; dá-me entendimento para que eu possa conhecer os teus testemunhos." — **Salmos 119:125**

Leitura de hoje: Salmos 119: 121-128.
O Salmo de hoje nos ensina sobre PRIORIDADE.
O que você tem lido, essa leitura ajuda você a ter a solução?
Minha irmã, a primeira de todas as leituras que precisamos fazer logo que despertamos, todas as manhãs, é a da palavra de Deus.
Depois dessa leitura, o Senhor nos capacita para todo o entendimento que precisaremos ao longo do dia.
Depois da leitura, retorne e responda seu devocional.

No seu Caderno Devocional:

- Escreva a palavra que mais chamou sua atenção.

- Relate tudo sobre o que o texto fala (locais, nomes, pessoas, datas, acontecimentos), pode ser em forma de tópicos também.

- Medite sobre o que o texto diz para você. Escute Deus falando sobre você, através de situações, momentos, emoções e sentimentos. Seja detalhista nos fatos.

- Ore sobre o que o texto te faz responder ao Senhor, depois escreva a sua oração. Converse com Deus, com suas palavras, do seu jeito, usando a sua linguagem. Lembre-se: Deus conhece você.

- Contemple o Senhor sobre tudo o que a Palavra fez em você. Louve-o pelo que Ele é, o que Ele faz e o que Ele fará. Depois escreva o seu compromisso em mudar algo que você precisa, para viver como a palavra nos convida a viver e a ser.

Oração

Senhor que na leitura da Tua palavra, o Senhor nos dê o entendimento para o que queres que façamos, nos capacita Senhor, para andarmos segundo os Teus mandamentos, em nome de Jesus nos Te pedimos. Amém!

Dia 119: 129-136   Data: __ /__ / __

"Teus testemunhos são maravilhosos; portanto a minha alma os guarda." — Salmos 119:129

Leitura de hoje: Salmos 119: 129-136. Faça essa leitura refletindo em cada versículo, leia duas vezes. Hoje o Senhor nos ensina sobre os TESTEMUNHOS. Testemunhar algo que o Senhor fez conosco é fazer o outro crê no nosso Senhor Deus. Hoje lhe convido a fazer uma lista das pessoas e seus testemunhos que vivificaram a sua fé. Em que momento essas pessoas lhe contaram seus testemunhos? Deus as colocou no seu caminho para que pudessem ser a presença do Senhor na sua vida. Reflita sobre cada testemunho, o Senhor fala com você por eles. Depois da leitura, retorne e responda seu devocional.

No seu Caderno Devocional:

- Escreva a palavra que mais chamou sua atenção.
- Relate tudo sobre o que o texto fala (locais, nomes, pessoas, datas, acontecimentos), pode ser em forma de tópicos também.
- Medite sobre o que o texto diz para você. Escute Deus falando sobre você, através de situações, momentos, emoções e sentimentos. Seja detalhista nos fatos.
- Ore sobre o que o texto te faz responder ao Senhor, depois escreva a sua oração. Converse com Deus, com suas palavras, do seu jeito, usando a sua linguagem. Lembre-se: Deus conhece você.
- Contemple o Senhor sobre tudo o que a Palavra fez em você. Louve-o pelo que Ele é, o que Ele faz e o que Ele fará. Depois escreva o seu compromisso em mudar algo que você precisa, para viver como a palavra nos convida a viver e a ser.

Oração

Ó Senhor, que eu possa ser testemunha da Tua presença na minha vida, através de curas que recebi, de libertações que tive e por me transformar em Tua filha amada a cada dia, eu Te peço em nome de Jesus. Gratidão pelas testemunhas que me alcançaram sempre. Amém

Dia 119:137-144   Data: __ / __ / __

"Sou pequeno e desprezado; ainda assim, não me esqueço dos teus mandamentos." — **Salmos 119:141**

Leitura de hoje: Salmos 119: 137-144.
Quero lhe pedir para que leia três vezes o salmo de hoje.
Hoje a palavra nos ensina a sermos pequenas.
Quanto mais pequena, mais o Senhor nos alcança.
Não deixe que as injustiças da vida tirem a sua sede pelo Senhor.
Todas nós temos dias difíceis, mas é aí que mais precisamos
está próxima do Senhor, na certeza que Ele tudo faz.
Lembre-se que nem todos conhecem nosso Deus.
Depois da leitura, continue aqui e responda as perguntas.

No seu Caderno Devocional:

- Escreva a palavra que mais chamou sua atenção.

- Relate tudo sobre o que o texto fala (locais, nomes, pessoas, datas, acontecimentos), pode ser em forma de tópicos também.

- Medite sobre o que o texto diz para você. Escute Deus falando sobre você, através de situações, momentos, emoções e sentimentos. Seja detalhista nos fatos.

- Ore sobre o que o texto te faz responder ao Senhor, depois escreva a sua oração. Converse com Deus, com suas palavras, do seu jeito, usando a sua linguagem. Lembre-se: Deus conhece você.

- Contemple o Senhor sobre tudo o que a Palavra fez em você. Louve-o pelo que Ele é, o que Ele faz e o que Ele fará. Depois escreva o seu compromisso em mudar algo que você precisa, para viver como a palavra nos convida a viver e a ser.

Oração

Senhor que meus dias difíceis sejam os dias que mais estarei na Tua presença, me faça lembrar de Ti Senhor quando esses dias chegarem, em nome de Jesus. Amém!

Dia 119: 145-152   Data: __ /__ / __

"Antecipei o alvorecer da manhã e clamei; esperei na tua palavra." — **Salmos 119:147**

Leitura de hoje: Salmos 119: 145-152.
Faça a leitura duas vezes, pausadamente.
Hoje o salmo nos fala sobre CLAMOR.
Minha irmã, não espere por nada para clamar ao Senhor, para estar na presença do Senhor. Faça isso todas as vezes que sentir vontade, o Senhor nos deu livre acesso à Ele.
Hoje eu convido você a fazer uma vigília das 19:00 ao amanhecer.
Depois da leitura, volte e responda as questões do seu devocional.

No seu Caderno Devocional:

- Escreva a palavra que mais chamou sua atenção.

- Relate tudo sobre o que o texto fala (locais, nomes, pessoas, datas, acontecimentos), pode ser em forma de tópicos também.

- Medite sobre o que o texto diz para você. Escute Deus falando sobre você, através de situações, momentos, emoções e sentimentos. Seja detalhista nos fatos.

- Ore sobre o que o texto te faz responder ao Senhor, depois escreva a sua oração. Converse com Deus, com suas palavras, do seu jeito, usando a sua linguagem. Lembre-se: Deus conhece você.

- Contemple o Senhor sobre tudo o que a Palavra fez em você. Louve-o pelo que Ele é, o que Ele faz e o que Ele fará. Depois escreva o seu compromisso em mudar algo que você precisa, para viver como a palavra nos convida a viver e a ser.

Oração

Ó Senhor, realiza em nós as Tuas verdades, que eu me lembre dos Teus mandamentos, que eles guardem meus pensamentos, minhas ações, minhas decisões, em nome de Jesus. Amém!

Dia 119: 153-160   Data: __ /__ / __

"Pleiteia a minha causa, e livra-me; vivifica-me segundo a tua palavra." — **Salmos 119:154**

Leitura de hoje: Salmos 119: 153-160.
Gostaria de lhe pedir que durante a leitura, repita com voz forte as palavras: livra-me; vivifica-me; a tua palavra.
Minha amiga, a verdade é que a palavra de Deus nos liberta de todas as cadeias que nos envolvem e nos dá novo ânimo, uma nova vida. A palavra de Deus nos dá entendimento para olharmos para as pessoas, que não creem, de uma forma diferente, de orarmos por elas.
Então, hoje lhe convido para orar por aquela pessoa que tem sido dura com você.
Depois da leitura, volte e responda as questões do seu devocional.

No seu Caderno Devocional:

- Escreva a palavra que mais chamou sua atenção.

- Relate tudo sobre o que o texto fala (locais, nomes, pessoas, datas, acontecimentos), pode ser em forma de tópicos também.

- Medite sobre o que o texto diz para você. Escute Deus falando sobre você, através de situações, momentos, emoções e sentimentos. Seja detalhista nos fatos.

- Ore sobre o que o texto te faz responder ao Senhor, depois escreva a sua oração. Converse com Deus, com suas palavras, do seu jeito, usando a sua linguagem. Lembre-se: Deus conhece você.

- Contemple o Senhor sobre tudo o que a Palavra fez em você. Louve-o pelo que Ele é, o que Ele faz e o que Ele fará. Depois escreva o seu compromisso em mudar algo que você precisa, para viver como a palavra nos convida a viver e a ser.

♥

Oração

Deus, meu paizinho, que eu consigo olhar por meu próximo, que não Te conhece, e orar por ele, para que ele seja alcançado por Ti, em nome de Jesus. Amém!

Dia 119: 161-168   Data: __ /__ / __

*"Odeio e abomino a mentira; mas eu amo
a tua lei." — Salmos 119:163*

Leitura de hoje: Salmos 119: 161-168.
Faça essa leitura três vezes e em voz alta, se possível.
Minha irmã, Deus ama a verdade e quem vive nela.
Quantas pessoas não vivem de mentiras?
Hoje lhe convido a fazer o propósito da verdade.
Durante todo o dia você só pode fazer a verdade. Use
palavras de amor e compaixão pelo seu próximo.
Agora, responda as questões do seu devocional com bom ânimo.

No seu Caderno Devocional:

- Escreva a palavra que mais chamou sua atenção.

- Relate tudo sobre o que o texto fala (locais, nomes, pessoas, datas, acontecimentos), pode ser em forma de tópicos também.

- Medite sobre o que o texto diz para você. Escute Deus falando sobre você, através de situações, momentos, emoções e sentimentos. Seja detalhista nos fatos.

- Ore sobre o que o texto te faz responder ao Senhor, depois escreva a sua oração. Converse com Deus, com suas palavras, do seu jeito, usando a sua linguagem. Lembre-se: Deus conhece você.

- Contemple o Senhor sobre tudo o que a Palavra fez em você. Louve-o pelo que Ele é, o que Ele faz e o que Ele fará. Depois escreva o seu compromisso em mudar algo que você precisa, para viver como a palavra nos convida a viver e a ser.

Oração

Senhor que a cada dia, eu veja, mais e mais, Jesus em mim,
o Espírito da Verdade habite em mim, que eu ande segundo
Tua verdade Senhor, eu Te peço, em nome de Jesus. Amém!

Dia 119: 169-176   Data: __ /__ / __

"A minha língua falará da tua palavra, pois todos os teus mandamentos são justiças." — **Salmos 119:172**

Leitura de hoje: Salmos 119: 169-176.
Gostaria de lhe pedir para fazer essa leitura pausadamente.
O salmo de hoje nos ensina a pedir.
Minha irmã, quando orar, peça ao Senhor para que você nunca se esqueça da palavra Dele. Quanto mais lermos a palavra do Senhor, mais entendimento teremos e mais encheremos a nossa alma com os pensamentos que vem do Senhor.
Como você tem abastecido sua alma?
Depois da leitura, retorne aqui e responda seu devocional.

No seu Caderno Devocional:

- Escreva a palavra que mais chamou sua atenção.

- Relate tudo sobre o que o texto fala (locais, nomes, pessoas, datas, acontecimentos), pode ser em forma de tópicos também.

- Medite sobre o que o texto diz para você. Escute Deus falando sobre você, através de situações, momentos, emoções e sentimentos. Seja detalhista nos fatos.

- Ore sobre o que o texto te faz responder ao Senhor, depois escreva a sua oração. Converse com Deus, com suas palavras, do seu jeito, usando a sua linguagem. Lembre-se: Deus conhece você.

- Contemple o Senhor sobre tudo o que a Palavra fez em você. Louve-o pelo que Ele é, o que Ele faz e o que Ele fará. Depois escreva o seu compromisso em mudar algo que você precisa, para viver como a palavra nos convida a viver e a ser.

Oração

Senhor eu entrego a Ti minha alma, busca me Senhor todas as vezes que eu estiver perdida, em nome de Jesus. Amém!

Dia 120   Data: __ /__ / __

*"Livra a minha alma, ó SENHOR, dos lábios mentirosos
e da língua enganadora." — **Salmos 120:2***

Leitura de hoje: leia todo o Salmo 120.
Gostaria de te pedir para fazer essa leitura com calma e atenção.
Louve, cante e adore nosso Deus. Ele faz tudo para você.
O salmo de hoje nos mostra como é a língua.
Precisamos encher nossa alma com o Senhor, assim nossa
boca só declarará a verdade que vem do nosso Deus.
O que você tem falado? Faça essa reflexão, pois só
falamos daquilo que temos alimentado a nossa alma.
Depois da leitura, retorne aqui e responda as questões
do seu devocional, elas farão você ver nosso Deus.

No seu Caderno Devocional:

- Escreva a palavra que mais chamou sua atenção.

- Relate tudo sobre o que o texto fala (locais, nomes, pessoas, datas, acontecimentos), pode ser em forma de tópicos também.

- Medite sobre o que o texto diz para você. Escute Deus falando sobre você, através de situações, momentos, emoções e sentimentos. Seja detalhista nos fatos.

- Ore sobre o que o texto te faz responder ao Senhor, depois escreva a sua oração. Converse com Deus, com suas palavras, do seu jeito, usando a sua linguagem. Lembre-se: Deus conhece você.

- Contemple o Senhor sobre tudo o que a Palavra fez em você. Louve-o pelo que Ele é, o que Ele faz e o que Ele fará. Depois escreva o seu compromisso em mudar algo que você precisa, para viver como a palavra nos convida a viver e a ser.

♥

Oração

Meu Deus, paizinho amado, eu Te rogo para que eu sinta vontade de ter a Tua presença em minha alma, que eu só declare a verdade, que eu conheça os Teus mandamentos, afasta de mim a mentira e o engano, que eu habite na Tua paz, eu Te peço em nome de Jesus. Amém!

Dia 121   Data: __ /__ / __

> "O SENHOR é o teu guardador; o SENHOR é a tua
> sombra sobre a tua mão direita." — **Salmos 121:5**

Leitura de hoje: Leia o Salmos 121.

Hoje o salmo nos diz sobre AJUDA.

Minha irmã, saiba que a ajuda que precisa só vem do Senhor, peça
e Ele lhe dará. Tenha fé e confiança, que Ele fará do jeito Dele,
porque sempre é perfeito. E no tempo Dele, que não é o nosso.
O Senhor tem tudo preparado para você, você precisa estar
com Ele para que Ele te entregue. Procure a presença do
Senhor, para que Ele lhe molde, lhe prepare para receber.
Depois da leitura, retorne aqui e responda as questões.

No seu Caderno Devocional:

- Escreva a palavra que mais chamou sua atenção.

- Relate tudo sobre o que o texto fala (locais, nomes, pessoas, datas, acontecimentos), pode ser em forma de tópicos também.

- Medite sobre o que o texto diz para você. Escute Deus falando sobre você, através de situações, momentos, emoções e sentimentos. Seja detalhista nos fatos.

- Ore sobre o que o texto te faz responder ao Senhor, depois escreva a sua oração. Converse com Deus, com suas palavras, do seu jeito, usando a sua linguagem. Lembre-se: Deus conhece você.

- Contemple o Senhor sobre tudo o que a Palavra fez em você. Louve-o pelo que Ele é, o que Ele faz e o que Ele fará. Depois escreva o seu compromisso em mudar algo que você precisa, para viver como a palavra nos convida a viver e a ser.

Oração

Senhor me molda a cada dia, eu quero receber tudo que
o Senhor tem preparado para mim, que eu esteja alinhada
com o Teu propósito, em nome de Jesus. Amém!

Dia 122   Data: __ /__ / __

"Fiquei feliz quando me disseram: Vamos à
casa do SENHOR." — **Salmos 122:1**

Leitura de hoje: Abra sua bíblia e leia todo o Salmos 122.
Leia com muita atenção cada versículo.
O salmo de hoje nos ensina sobre CASA DO SENHOR.
Minha amiga, somos moradas do Senhor, o
Espírito Consolador habita em nós.
Como está a sua casa?
Desarrumada? Organizada? Não tem nada?
Convide o Senhor para entrar do jeito que estiver, Ele já sabe como
está, deixa que Ele arruma, Ele te diz como melhor organizar.
Depois da leitura, retorne aqui e responda as questões.

No seu Caderno Devocional:

- Escreva a palavra que mais chamou sua atenção.

- Relate tudo sobre o que o texto fala (locais, nomes, pessoas, datas, acontecimentos), pode ser em forma de tópicos também.

- Medite sobre o que o texto diz para você. Escute Deus falando sobre você, através de situações, momentos, emoções e sentimentos. Seja detalhista nos fatos.

- Ore sobre o que o texto te faz responder ao Senhor, depois escreva a sua oração. Converse com Deus, com suas palavras, do seu jeito, usando a sua linguagem. Lembre-se: Deus conhece você.

- Contemple o Senhor sobre tudo o que a Palavra fez em você. Louve-o pelo que Ele é, o que Ele faz e o que Ele fará. Depois escreva o seu compromisso em mudar algo que você precisa, para viver como a palavra nos convida a viver e a ser.

Oração

Senhor habita em mim, traz a Tua paz, organiza tudo que
precisa está no seu devido lugar, faz morada em mim, tira
toda a sujeira Senhor, em nome de Jesus. Amém!

Dia 123   Data: __ /__ / __

"A nossa alma está demasiadamente preenchida pela zombaria daqueles que estão à vontade, e do desprezo dos orgulhosos." — **Salmos 123:4**

Leitura de hoje: Leia todo o Salmos 123.
A palavra de hoje nos diz sobre QUEM SOU.
Como você está hoje?
O Senhor nos alcança por sua misericórdia,
não é mérito nosso, é graça de Deus.
Nossa alma estará preenchida pelo que nós deixamos.
Minha irmã, deixe Deus habitar em você,
Ele quer, basta você abrir a porta.
Depois da leitura, retorne aqui e responda as questões.

No seu Caderno Devocional:

- Escreva a palavra que mais chamou sua atenção.

- Relate tudo sobre o que o texto fala (locais, nomes, pessoas, datas, acontecimentos), pode ser em forma de tópicos também.

- Medite sobre o que o texto diz para você. Escute Deus falando sobre você, através de situações, momentos, emoções e sentimentos. Seja detalhista nos fatos.

- Ore sobre o que o texto te faz responder ao Senhor, depois escreva a sua oração. Converse com Deus, com suas palavras, do seu jeito, usando a sua linguagem. Lembre-se: Deus conhece você.

- Contemple o Senhor sobre tudo o que a Palavra fez em você. Louve-o pelo que Ele é, o que Ele faz e o que Ele fará. Depois escreva o seu compromisso em mudar algo que você precisa, para viver como a palavra nos convida a viver e a ser.

♥

Oração

Senhor eu abro a porta da minha vida, me alcança Senhor, enche a minha alma com a Tua presença, em nome de Jesus. Amém!

Dia 124   Data: __ /__ / __

*O nosso socorro está no nome do SENHOR, que fez o céu e a terra." — **Salmos 124:8***

Leitura de hoje: Leia todo o Salmos 124.
Leia três vezes o salmo com atenção.
Hoje minha amiga, o Senhor nos convida a nos recordarmos de toda a nossa caminhada, pense em todas as alegrias e tristezas que você teve e veja o agir de Deus em todas elas.
Deus é poderoso, Ele tem o plano perfeito, o seu processo é cheio de ensinamentos do Senhor.
Lembre-se: Ele fez tudo para nós.
Depois da leitura, retorne aqui e responda as questões.

No seu Caderno Devocional:

- Escreva a palavra que mais chamou sua atenção.

- Relate tudo sobre o que o texto fala (locais, nomes, pessoas, datas, acontecimentos), pode ser em forma de tópicos também.

- Medite sobre o que o texto diz para você. Escute Deus falando sobre você, através de situações, momentos, emoções e sentimentos. Seja detalhista nos fatos.

- Ore sobre o que o texto te faz responder ao Senhor, depois escreva a sua oração. Converse com Deus, com suas palavras, do seu jeito, usando a sua linguagem. Lembre-se: Deus conhece você.

- Contemple o Senhor sobre tudo o que a Palavra fez em você. Louve-o pelo que Ele é, o que Ele faz e o que Ele fará. Depois escreva o seu compromisso em mudar algo que você precisa, para viver como a palavra nos convida a viver e a ser.

♥

Oração

Senhor que eu sempre Te veja em tudo, em nome de Jesus. Gratidão porque Tu estás do meu lado em todos os momentos, e me manda filhos Teus para me lembrar quem Tu és sempre. Senhor que eu não me esqueça de Ti e que eu me lembre que meu socorro vem de Ti, em nome de Jesus. Amém!

Dia 125   Data: __ /__ / __

"Aqueles que confiam no SENHOR serão como o monte de Sião, que não pode ser abalado, mas permanece para sempre." — **Salmos 125:1**

Leitura de hoje: Retorne à sua bíblia e leia o Salmos 125.
O salmo de hoje nos fala sobre onde Deus nos leva por confiar Nele.
Minha irmã, hoje o Senhor lhe convida a praticar a confiança Nele. Ele tem tantas coisas para lhe entregar, mas só pode fazer se você confiar que do jeito Dele é melhor.
Confie minha irmã, CONFIE!
Depois da leitura e reflexões, retorne aqui e responda as questões.

No seu Caderno Devocional:

- Escreva a palavra que mais chamou sua atenção.

- Relate tudo sobre o que o texto fala (locais, nomes, pessoas, datas, acontecimentos), pode ser em forma de tópicos também.

- Medite sobre o que o texto diz para você. Escute Deus falando sobre você, através de situações, momentos, emoções e sentimentos. Seja detalhista nos fatos.

- Ore sobre o que o texto te faz responder ao Senhor, depois escreva a sua oração. Converse com Deus, com suas palavras, do seu jeito, usando a sua linguagem. Lembre-se: Deus conhece você.

- Contemple o Senhor sobre tudo o que a Palavra fez em você. Louve-o pelo que Ele é, o que Ele faz e o que Ele fará. Depois escreva o seu compromisso em mudar algo que você precisa, para viver como a palavra nos convida a viver e a ser.

Oração

Ó Senhor, que eu tenha forças e coragem para entregar a minha vida nas Tuas mãos, me faz querer Senhor, me ensina como fazer, traz pra perto de mim irmãs que me ajudarão a confiar em Ti, em nome de Jesus. Amém!

Dia 126   Data: __ /__ / __

*"O SENHOR fez grandes coisas por nós, pelas
quais estamos alegres." — Salmos 126:3*

Leitura de hoje: Leia todo o Salmos 126
Faça essa leitura em voz alta, se possível.
Minha irmã, hoje mais uma vez o Senhor lhe diz que
Ele faz grandes coisas e Ele as tem pra você.
Alegre-se no Senhor, o Senhor irá te levantar, permaneça
confiante no Senhor, Ele vai te honrar minha irmã.
Lhe desafio hoje a entregar todas as suas preocupações
para o Senhor, escreva-as e vá entregando.
Depois da leitura realizada e do exercício,
retorne e responda seu devocional.

No seu Caderno Devocional:

- Escreva a palavra que mais chamou sua atenção.

- Relate tudo sobre o que o texto fala (locais, nomes, pessoas, datas, acontecimentos), pode ser em forma de tópicos também.

- Medite sobre o que o texto diz para você. Escute Deus falando sobre você, através de situações, momentos, emoções e sentimentos. Seja detalhista nos fatos.

- Ore sobre o que o texto te faz responder ao Senhor, depois escreva a sua oração. Converse com Deus, com suas palavras, do seu jeito, usando a sua linguagem. Lembre-se: Deus conhece você.

- Contemple o Senhor sobre tudo o que a Palavra fez em você. Louve-o pelo que Ele é, o que Ele faz e o que Ele fará. Depois escreva o seu compromisso em mudar algo que você precisa, para viver como a palavra nos convida a viver e a ser.

Oração

Senhor eu Te entrego toda a minha vida, tudo que há nela, Lhe entrego minhas alegrias e minhas frustações, meus problemas e minhas conquistas, faz em mim a Tua obra perfeita do Teu jeito, em nome de Jesus. Amém!

Dia 127   Data: __ /__ / __

"Eis que os filhos são herança do SENHOR, e o fruto do útero é a sua recompensa." — **Salmos 127:3**

Leitura de hoje: Leia todo o Salmos 127
Leia e marque na sua bíblia a palavra FLECHAS.
Minha amiga hoje o Senhor vem nos ensinar que somos seus filhos e o que nós geramos é herança do Senhor para nós.
Para você mãe ou não: O que você tem gerado?
As mães lançam seus filhos no mundo para darem frutos, resultado de como foram ensinados. As que ainda não são mães, são filhas, e estão aprendendo ainda ou já foram lançadas.
O que vocês têm ensinado ou aprendido, agrada o Senhor, vem da palavra do Senhor?
Depois da leitura, retorne aqui e responda as questões.

No seu Caderno Devocional:

- Escreva a palavra que mais chamou sua atenção.

- Relate tudo sobre o que o texto fala (locais, nomes, pessoas, datas, acontecimentos), pode ser em forma de tópicos também.

- Medite sobre o que o texto diz para você. Escute Deus falando sobre você, através de situações, momentos, emoções e sentimentos. Seja detalhista nos fatos.

- Ore sobre o que o texto te faz responder ao Senhor, depois escreva a sua oração. Converse com Deus, com suas palavras, do seu jeito, usando a sua linguagem. Lembre-se: Deus conhece você.

- Contemple o Senhor sobre tudo o que a Palavra fez em você. Louve-o pelo que Ele é, o que Ele faz e o que Ele fará. Depois escreva o seu compromisso em mudar algo que você precisa, para viver como a palavra nos convida a viver e a ser.

Oração

Meu Senhor, me capacita para que enquanto jovem eu ande nos seus caminhos e quando adulta eu multiplique a Tua graça no meu próximo, em nome de Jesus. Amém!

Dia 128   Data: __ /__ / __

"Abençoado é todo aquele que teme ao SENHOR,
que anda em seus caminhos." — **Salmos 128:1**

Leitura de hoje: Leia todo o Salmos 128
Leia duas vezes o salmo pausadamente.

Minha irmã, hoje o Senhor nos entrega uma promessa. Você será abençoada em todas as áreas da sua vida, desde que esteja com o Senhor, pois Ele só tem grandes coisas para você, somos dignas das maravilhas que vem Dele, se estamos nEle, Ele habita em nós, então tudo dEle é nosso também. Somos herdeiras. Lhe convido a passar o dia repetindo isso: EU SOU HERDEIRA DO MEU SENHOR, MEU PAI, POR ISSO SOU ABENÇOADA EM TUDO.

Depois da leitura, retorne aqui e responda seu devocional.

No seu Caderno Devocional:

- Escreva a palavra que mais chamou sua atenção.

- Relate tudo sobre o que o texto fala (locais, nomes, pessoas, datas, acontecimentos), pode ser em forma de tópicos também.

- Medite sobre o que o texto diz para você. Escute Deus falando sobre você, através de situações, momentos, emoções e sentimentos. Seja detalhista nos fatos.

- Ore sobre o que o texto te faz responder ao Senhor, depois escreva a sua oração. Converse com Deus, com suas palavras, do seu jeito, usando a sua linguagem. Lembre-se: Deus conhece você.

- Contemple o Senhor sobre tudo o que a Palavra fez em você. Louve-o pelo que Ele é, o que Ele faz e o que Ele fará. Depois escreva o seu compromisso em mudar algo que você precisa, para viver como a palavra nos convida a viver e a ser.

Oração

Senhor Deus, meu paizinho, eu quero a Tua herança, eu quero todas as bênçãos que Tu tens para mim, me dá sabedoria para estar na Tua presença em todos os lugares, com todas as pessoas, em nome de Jesus. Amém!

Dia 129   Data: __ /__ / __

"O SENHOR é justo; cortou em pedaços as cordas dos perversos." — **Salmos 129:4**

Leitura de hoje: Leia todo o Salmos 129
Hoje minha irmã, o Senhor nos ensina sobre SER
FIEL E ESPERAR A JUSTIÇA DE DEUS
Creia que o Senhor tira de nós o que não é bom,
o Senhor tira pessoas da nossa presença.
Confie que toda injustiça que lhe é causada o Senhor
honrará você, Ele só quer que você esteja com Ele e viva a
palavra Dele. Ore e peça a Deus que resolva para você.
Depois da leitura, retorne aqui e responda as questões.

No seu Caderno Devocional:

- Escreva a palavra que mais chamou sua atenção.

- Relate tudo sobre o que o texto fala (locais, nomes, pessoas, datas, acontecimentos), pode ser em forma de tópicos também.

- Medite sobre o que o texto diz para você. Escute Deus falando sobre você, através de situações, momentos, emoções e sentimentos. Seja detalhista nos fatos.

- Ore sobre o que o texto te faz responder ao Senhor, depois escreva a sua oração. Converse com Deus, com suas palavras, do seu jeito, usando a sua linguagem. Lembre-se: Deus conhece você.

- Contemple o Senhor sobre tudo o que a Palavra fez em você. Louve-o pelo que Ele é, o que Ele faz e o que Ele fará. Depois escreva o seu compromisso em mudar algo que você precisa, para viver como a palavra nos convida a viver e a ser.

Oração

Senhor me faça permanecer na Tua presença dia e noite, que eu não me desvie do Teu caminho de luz, me protege de todos os que querem me desviar, que as Tuas leis sejam vivas em mim. Em nome de Jesus, eu Te peço, amém!

Dia 130 Data: __/__/__

"Eu espero pelo SENHOR; minha alma espera, e na sua palavra eu tenho esperança." — **Salmos 130:5**

Leitura de hoje: Abra a sua bíblia e leia o Salmos 130
Hoje o Espírito do nosso amado, vem nos
ensinar sobre ESPERAR NO SENHOR
Clame minha irmã, Clame
O Senhor nosso Deus irá lhe ouvir. Ore, viva a palavra de
Deus, peça perdão e confie que Ele conhece o seu coração
e os seus pensamentos e o melhor Ele fará pra você.
Peça e espere.
Depois da leitura continue aqui e responda o seu devocional.

No seu Caderno Devocional:

- Escreva a palavra que mais chamou sua atenção.

- Relate tudo sobre o que o texto fala (locais, nomes, pessoas, datas, acontecimentos), pode ser em forma de tópicos também.

- Medite sobre o que o texto diz para você. Escute Deus falando sobre você, através de situações, momentos, emoções e sentimentos. Seja detalhista nos fatos.

- Ore sobre o que o texto te faz responder ao Senhor, depois escreva a sua oração. Converse com Deus, com suas palavras, do seu jeito, usando a sua linguagem. Lembre-se: Deus conhece você.

- Contemple o Senhor sobre tudo o que a Palavra fez em você. Louve-o pelo que Ele é, o que Ele faz e o que Ele fará. Depois escreva o seu compromisso em mudar algo que você precisa, para viver como a palavra nos convida a viver e a ser.

Oração

Senhor que eu não caia nas armadilhas do tempo, que eu espere em Ti o Teu tempo. Ó Senhor, me perdoe pela minha impaciência e pressa, de querer que as coisas aconteçam no meu tempo, perdão. Senhor que os Teus planos prevaleçam na minha vida no Teu tempo, em nome de Jesus. Amém!

Dia 131   Data: __ / __ / __

"Espere Israel no SENHOR, daqui em diante e para sempre." — **Salmos 131:3**

Leitura de hoje: Retorne a sua bíblia e leia o Salmos 131
Minha irmã, nosso Senhor hoje nos fala sobre esperar sempre.
Saber que o Senhor tem os melhores projetos para nossa
vida é o que deve nos sustentar. Hoje precisamos aprender
que só precisamos esperar pelo melhor de Deus.
Hoje ore com gratidão por todas as coisas que o Senhor fará na
sua vida, com as melhores expectativas já geradas por você.
Depois de orar, retorne aqui e complete seu devocional.

No seu Caderno Devocional:

- Escreva a palavra que mais chamou sua atenção.

- Relate tudo sobre o que o texto fala (locais, nomes, pessoas, datas, acontecimentos), pode ser em forma de tópicos também.

- Medite sobre o que o texto diz para você. Escute Deus falando sobre você, através de situações, momentos, emoções e sentimentos. Seja detalhista nos fatos.

- Ore sobre o que o texto te faz responder ao Senhor, depois escreva a sua oração. Converse com Deus, com suas palavras, do seu jeito, usando a sua linguagem. Lembre-se: Deus conhece você.

- Contemple o Senhor sobre tudo o que a Palavra fez em você. Louve-o pelo que Ele é, o que Ele faz e o que Ele fará. Depois escreva o seu compromisso em mudar algo que você precisa, para viver como a palavra nos convida a viver e a ser.

Oração

Senhor gratidão por todas as maravilhas que Tu farás na minha vida, me faça está em sua presença sempre, porque eu quero tudo que o senhor tem pra mim, em nome de Jesus. Amém!

Dia 132   Data: __ /__ / __

"Pois o SENHOR escolheu a Sião; desejou-a para a sua habitação." **— Salmos 132:13**

Leitura reservada a você hoje: Salmos 132
Leia com um coração cheio de amor e atenção.
Hoje a palavra nos ensina que o Senhor nos criou
para habitar em nós. Somos moradas de Deus.
Leia também: Efésios 2
Minha irmã, deixe Deus entrar no seu coração e fazer
morda, diga a Ele que você abre a porta e que Ele pode
entrar. Não perca tempo tentando organizar as coisas,
Ele te conhece e Ele irá organizar para você.
Depois da leitura retorne aqui e responda seu devocional.

No seu Caderno Devocional:

- Escreva a palavra que mais chamou sua atenção.
- Relate tudo sobre o que o texto fala (locais, nomes, pessoas, datas, acontecimentos), pode ser em forma de tópicos também.
- Medite sobre o que o texto diz para você. Escute Deus falando sobre você, através de situações, momentos, emoções e sentimentos. Seja detalhista nos fatos.
- Ore sobre o que o texto te faz responder ao Senhor, depois escreva a sua oração. Converse com Deus, com suas palavras, do seu jeito, usando a sua linguagem. Lembre-se: Deus conhece você.
- Contemple o Senhor sobre tudo o que a Palavra fez em você. Louve-o pelo que Ele é, o que Ele faz e o que Ele fará. Depois escreva o seu compromisso em mudar algo que você precisa, para viver como a palavra nos convida a viver e a ser.

♥

Oração

Senhor faz morada em mim, eu quero que Tu entres,
eu abro a porta para Tu entrares Senhor, vem e
organiza tudo em mim. Em nome de Jesus. Amém!

Dia 133   Data: __ /__ / __

> *"Eis, quão bom e quão agradável é para os irmãos habitarem juntos em união!."* — **Salmos 133:1**

Leitura de hoje: Salmos 133. Leia quantas vezes você precisar. Minha irmã, hoje o salmo vem nos ensinar sobre COMUNHÃO com os irmãos. Você já faz parte de uma célula? Tem uma líder? Conhece seus pastores? Tem uma vida em comunidade? O Senhor hoje vem lhe dizer que isso é ordenança dele, é agradável estarmos juntos. Faça isso hoje mesmo se ainda não o fez. E se já faz, prepare um presente para dar na sua célula como forma de gratidão a Deus pelas pessoas que estão caminhando com você. Pode ser um versículo da bíblia escrito num papel enfeitado e perfumado, ou uma outra demonstração de amor. Depois da leitura retorne aqui e responda as perguntas para lhe ajudarem no entendimento da palavra do nosso Deus.

No seu Caderno Devocional:

- Escreva a palavra que mais chamou sua atenção.

- Relate tudo sobre o que o texto fala (locais, nomes, pessoas, datas, acontecimentos), pode ser em forma de tópicos também.

- Medite sobre o que o texto diz para você. Escute Deus falando sobre você, através de situações, momentos, emoções e sentimentos. Seja detalhista nos fatos.

- Ore sobre o que o texto te faz responder ao Senhor, depois escreva a sua oração. Converse com Deus, com suas palavras, do seu jeito, usando a sua linguagem. Lembre-se: Deus conhece você.

- Contemple o Senhor sobre tudo o que a Palavra fez em você. Louve-o pelo que Ele é, o que Ele faz e o que Ele fará. Depois escreva o seu compromisso em mudar algo que você precisa, para viver como a palavra nos convida a viver e a ser.

♥

Oração

Senhor gratidão por estar caminhando junto a Ti. Que eu seja obediente a Tua vontade na minha vida, que eu confie e creia mais em Ti, em nome de Jesus. Amém!

Dia 134   Data: __/__/__

"Levantai as vossas mãos no santuário, e bendizei ao SENHOR." — **Salmos 134:2**

Leitura de hoje: Salmos 134.
Leia o Salmo pausadamente.
Minha irmã, continue firme na sua busca pela intimidade com o Senhor. Ele irá te abençoar.
Hoje nós aprendemos pelo Espírito a bendizer o nome do nosso Senhor Deus em todos os lugares, não se envergonhe. O Espírito nos incentiva a levantar nossas mãos e adorar nosso Deus em todos os lugares que você se sentir grata, você é santuário do Espírito de Deus.
Depois da leitura, retorne e responda seu devocional.

No seu Caderno Devocional:

- Escreva a palavra que mais chamou sua atenção.

- Relate tudo sobre o que o texto fala (locais, nomes, pessoas, datas, acontecimentos), pode ser em forma de tópicos também.

- Medite sobre o que o texto diz para você. Escute Deus falando sobre você, através de situações, momentos, emoções e sentimentos. Seja detalhista nos fatos.

- Ore sobre o que o texto te faz responder ao Senhor, depois escreva a sua oração. Converse com Deus, com suas palavras, do seu jeito, usando a sua linguagem. Lembre-se: Deus conhece você.

- Contemple o Senhor sobre tudo o que a Palavra fez em você. Louve-o pelo que Ele é, o que Ele faz e o que Ele fará. Depois escreva o seu compromisso em mudar algo que você precisa, para viver como a palavra nos convida a viver e a ser.

Oração

Senhor eu Te louvo com minhas mãos estendidas para o alto como forma de devoção a Ti, único digno do meu louvor. Bendito és Tu meu Senhor e meu rei. Senhor não me deixes esquecer de Ti, em nome de Jesus. Amém!

Dia 135   Data: __ / __ / __

"Tudo o que o SENHOR desejou, ele fez, nos céus e na terra, nos mares e em todos os lugares profundos." — **Salmos 135:6**

Leitura de hoje: Salmos 135. Faça essa leitura com calma, circule uma palavra de cada versículo, aquela que é forte para você. Minha irmã, hoje o Espírito Santo nos convida a relembrarmos quem Deus é e louvarmos Deus pelos seus feitos, porque tudo que Deus faz é perfeito. Se hoje você passa por alguma dor que acha que está pesada pra você, saiba que não, saiba que o Senhor fará grandes coisas na sua vida, pegará sua dor e transformará em graça, mas para isso você não pode desistir Dele. Permaneça fiel. Mas se você minha irmã já está colhendo as bênçãos, faça uma volta ao passado e lembre da dor que teve e como o Senhor transformou sua vida.

Depois da leitura, retorne e responda seu devocional.

No seu Caderno Devocional:

- Escreva a palavra que mais chamou sua atenção.

- Relate tudo sobre o que o texto fala (locais, nomes, pessoas, datas, acontecimentos), pode ser em forma de tópicos também.

- Medite sobre o que o texto diz para você. Escute Deus falando sobre você, através de situações, momentos, emoções e sentimentos. Seja detalhista nos fatos.

- Ore sobre o que o texto te faz responder ao Senhor, depois escreva a sua oração. Converse com Deus, com suas palavras, do seu jeito, usando a sua linguagem. Lembre-se: Deus conhece você.

- Contemple o Senhor sobre tudo o que a Palavra fez em você. Louve-o pelo que Ele é, o que Ele faz e o que Ele fará. Depois escreva o seu compromisso em mudar algo que você precisa, para viver como a palavra nos convida a viver e a ser.

♥

Oração

Senhor Deus, nosso Aba, meu paizinho, que minha dor não seja maior que meu amor por Ti, que meu sofrimento não me tire da Tua presença, em nome de Jesus. Amém!

Dia 136   Data: __ /__ / __

> *"Ó dai graças ao SENHOR, pois ele é bom; pois a sua misericórdia dura para sempre."* — **Salmos 136:1**

Leitura de hoje: Salmo 136.
O salmo de hoje nos apresenta as graças do Senhor nosso Deus.
Convido você a colocar no início de cada versículo
a seguinte frase: "Eu dou graças ao Senhor…"
Se coloque no salmo e adore o Senhor, faça desse salmo sua oração, se quiser dar uma pausa em cada versículo e conversar com Deus, faça isso. Deus quer você do seu jeito, com suas palavras, mas se não conseguir, ore o salmo, Deus a ama e quer que você saiba tudo o que Ele fez, faz e fará por você.
Depois da leitura, retorne e responda seu devocional.

No seu Caderno Devocional:

- Escreva a palavra que mais chamou sua atenção.

- Relate tudo sobre o que o texto fala (locais, nomes, pessoas, datas, acontecimentos), pode ser em forma de tópicos também.

- Medite sobre o que o texto diz para você. Escute Deus falando sobre você, através de situações, momentos, emoções e sentimentos. Seja detalhista nos fatos.

- Ore sobre o que o texto te faz responder ao Senhor, depois escreva a sua oração. Converse com Deus, com suas palavras, do seu jeito, usando a sua linguagem. Lembre-se: Deus conhece você.

- Contemple o Senhor sobre tudo o que a Palavra fez em você. Louve-o pelo que Ele é, o que Ele faz e o que Ele fará. Depois escreva o seu compromisso em mudar algo que você precisa, para viver como a palavra nos convida a viver e a ser.

Oração

Senhor, eu quero estar no meu secreto contigo todos os dias, me leva a está contigo, me faz ter intimidade contigo, eu quero te conhecer, eu quero te adorar com minhas palavras, em nome de Jesus. Amém!

Dia 137   Data: __ /__ / __

*"Como cantaremos a canção do SENHOR em
uma terra estranha?"* — **Salmos 137:4**

Leitura de hoje: Salmo 137. A palavra do Senhor não pode ser esquecida. Muitas vezes estaremos tristes, magoadas, infundadas nas nossas angústias. Mas é lá nesse lugar estranho que precisaremos nos lembrar das palavras prometidas a nós, que o Senhor está conosco e fará nós passarmos pelas tentações. Minha irmã gostaria de lhe ensinar uma oração hoje, que diz assim: "Senhor, se eu me esquecer de Ti, me faz lembrar, manda os Teus servos fiéis me lembrarem quem Tu és na minha vida, em nome de Jesus. Amém! Faça sempre essa oração minha irmã, foi essa oração que nunca deixou eu me esquecer meu Senhor, meu Aba, meu paizinho, meu amado Deus. Depois da leitura, retorne e responda seu devocional.

No seu Caderno Devocional:

- Escreva a palavra que mais chamou sua atenção.

- Relate tudo sobre o que o texto fala (locais, nomes, pessoas, datas, acontecimentos), pode ser em forma de tópicos também.

- Medite sobre o que o texto diz para você. Escute Deus falando sobre você, através de situações, momentos, emoções e sentimentos. Seja detalhista nos fatos.

- Ore sobre o que o texto te faz responder ao Senhor, depois escreva a sua oração. Converse com Deus, com suas palavras, do seu jeito, usando a sua linguagem. Lembre-se: Deus conhece você.

- Contemple o Senhor sobre tudo o que a Palavra fez em você. Louve-o pelo que Ele é, o que Ele faz e o que Ele fará. Depois escreva o seu compromisso em mudar algo que você precisa, para viver como a palavra nos convida a viver e a ser.

♥

Oração

Senhor, em meio a todas as tribulações que eu venha a passar, que eu nunca me esqueça que Tu estás comigo, mas se eu vim a me esquecer, me envia Teu povo, ó Senhor, e que eles me façam lembrar quem Tu és na minha vida, em nome de Jesus. Amém!

Dia 138   Data: __ /__ / __

"O SENHOR aperfeiçoará aquilo que diz respeito a mim; a tua misericórdia, ó SENHOR, dura para sempre; não abandones as obras das tuas próprias mãos." — **Salmos 138:8**

Leitura de hoje: Salmo 138. Hoje o Espírito Santo vem nos ensinar que devemos adorar a Deus em todos os lugares, a como sermos intencionais, ousadas e deixar-nos ser moldadas. Te convido a ler: Josué 1:9. Deus quer que nós levemos sua palavra para todos os lugares, e se você minha irmã acha que não consegue, peça ao Espírito Santo para te aperfeiçoar, ore, leia a palavra e sirva ao Senhor. Você já está num ministério? Deus lhe deu um dom para servir pessoas e levar a presença Dele e ser testemunha Dele na terra. Depois da leitura, retorne e responda seu devocional.

No seu Caderno Devocional:

- Escreva a palavra que mais chamou sua atenção.
- Relate tudo sobre o que o texto fala (locais, nomes, pessoas, datas, acontecimentos), pode ser em forma de tópicos também.
- Medite sobre o que o texto diz para você. Escute Deus falando sobre você, através de situações, momentos, emoções e sentimentos. Seja detalhista nos fatos.
- Ore sobre o que o texto te faz responder ao Senhor, depois escreva a sua oração. Converse com Deus, com suas palavras, do seu jeito, usando a sua linguagem. Lembre-se: Deus conhece você.
- Contemple o Senhor sobre tudo o que a Palavra fez em você. Louve-o pelo que Ele é, o que Ele faz e o que Ele fará. Depois escreva o seu compromisso em mudar algo que você precisa, para viver como a palavra nos convida a viver e a ser.

Oração

Senhor, me aperfeiçoa para ter Tua palavra e Tua presença em mim, me faça forte e corajosa ao ser ousada em declarar-te, em nome de Jesus eu Te peço. Amém!

Dia 139   Data: __ /__ / __

> *"Pois não há uma palavra em minha língua, mas eis que, ó SENHOR, tu sabes de tudo."* **— Salmos 139:4**

Leitura de hoje: Salmo 139. Faça essa leitura refletindo em cada versículo. Hoje o Espírito Santos vem nos ensinar que Deus nos conhece mesmo antes de sermos formadas no ventre de nossas mães. Tudo que há em nós é de conhecimento de Deus, Deus conhece o nosso coração e nossos pensamentos. Ele nos conhece por inteiras. Hoje gostaria que você refletisse sobre as perguntas abaixo e deixe o Espírito lhe guiar. Qual seu conhecimento sobre Deus? Minha irmã, qual é a sua relação com sua mãe? O que você precisa refletir sobre essas duas perguntas? Depois da leitura e reflexão, retorne e responda seu devocional.

No seu Caderno Devocional:

- Escreva a palavra que mais chamou sua atenção.

- Relate tudo sobre o que o texto fala (locais, nomes, pessoas, datas, acontecimentos), pode ser em forma de tópicos também.

- Medite sobre o que o texto diz para você. Escute Deus falando sobre você, através de situações, momentos, emoções e sentimentos. Seja detalhista nos fatos.

- Ore sobre o que o texto te faz responder ao Senhor, depois escreva a sua oração. Converse com Deus, com suas palavras, do seu jeito, usando a sua linguagem. Lembre-se: Deus conhece você.

- Contemple o Senhor sobre tudo o que a Palavra fez em você. Louve-o pelo que Ele é, o que Ele faz e o que Ele fará. Depois escreva o seu compromisso em mudar algo que você precisa, para viver como a palavra nos convida a viver e a ser.

♥

Oração

Ó Senhor, eu sei que tu me sondas e conhece o meu coração e os meus pensamentos, Deus me cerca de Ti, não me deixes para que meu coração e meus pensamentos se percam de Ti, em nome de Jesus. Amém!

Dia 140   Data: __ /__ / __

"Eu disse ao SENHOR: Tu és meu Deus; ouve a voz
das minhas súplicas, ó SENHOR." — **Salmos 140:6**

Leitura de hoje: Salmo 140.

Minha irmã, hoje o Espírito vem nos ensinar como podemos
suplicar ao Senhor pela nossa cura, liberdade e mudança de vida.

Gostaria de pedir a você que circule as palavras de súplica.

Já te disseram palavras que feriram você? Se sim, ore e
repreenda-as todas as vezes, ore por quem lhe disse e a perdoe.

Cuidado com o orgulho, ele vem por várias vias.

Lembre-se que tudo pertence ao nosso Deus.

Depois da leitura, continue aqui e responda as perguntas.

No seu Caderno Devocional:

- Escreva a palavra que mais chamou sua atenção.

- Relate tudo sobre o que o texto fala (locais, nomes, pessoas,
  datas, acontecimentos), pode ser em forma de tópicos também.

- Medite sobre o que o texto diz para você. Escute Deus falando
  sobre você, através de situações, momentos, emoções e sentimentos. Seja detalhista nos fatos.

- Ore sobre o que o texto te faz responder ao Senhor, depois escreva a sua oração. Converse com Deus, com suas palavras, do seu
  jeito, usando a sua linguagem. Lembre-se: Deus conhece você.

- Contemple o Senhor sobre tudo o que a Palavra fez em você.
  Louve-o pelo que Ele é, o que Ele faz e o que Ele fará. Depois
  escreva o seu compromisso em mudar algo que você precisa,
  para viver como a palavra nos convida a viver e a ser.

Oração

Senhor, arranca de mim todas as palavras de maldição,
me cura, me liberta e me transforma hoje, que eu não
me orgulhe nem de mim e nem de nada, não deixe que
a vaidade me governe, em nome de Jesus. Amém!

Dia 141   Data: __ /__ / __

*"Que a minha oração seja colocada diante de ti
como incenso; e o levantar das minhas mãos como
o sacrifício da tarde."* — **Salmos 141:2**

Leitura de hoje: Salmos 141. Faça a leitura duas vezes, pausadamente. Hoje o salmo nos fala sobre ORAÇÃO. Minha irmã, nós precisamos está em oração todos os dias. É na oração que estaremos na presença do Senhor, construindo relacionamento e intimidade com o Senhor. Na oração é o nosso momento de louvar, agradecer, pedir perdão e clamar. Use suas palavras, o Senhor lhe conhece, Ele quer ouvir você, do seu jeito, da sua maneira, com as suas verdades. E é tempo de ficar em silêncio também para escutar o que Deus tem para nos dizer através do Seu Espírito. Depois da leitura, volte e responda as questões do seu devocional.

No seu Caderno Devocional:

- Escreva a palavra que mais chamou sua atenção.

- Relate tudo sobre o que o texto fala (locais, nomes, pessoas, datas, acontecimentos), pode ser em forma de tópicos também.

- Medite sobre o que o texto diz para você. Escute Deus falando sobre você, através de situações, momentos, emoções e sentimentos. Seja detalhista nos fatos.

- Ore sobre o que o texto te faz responder ao Senhor, depois escreva a sua oração. Converse com Deus, com suas palavras, do seu jeito, usando a sua linguagem. Lembre-se: Deus conhece você.

- Contemple o Senhor sobre tudo o que a Palavra fez em você. Louve-o pelo que Ele é, o que Ele faz e o que Ele fará. Depois escreva o seu compromisso em mudar algo que você precisa, para viver como a palavra nos convida a viver e a ser.

♥

Oração

*Ó Senhor, que eu seja perseverante e constante no meu
momento de oração, que eu tenha prazer em querer Te
encontrar em oração, em nome de Jesus. Amém!*

Dia 142   Data: __ /__ / __

"Clamei a ti, ó SENHOR; eu disse: Tu és o meu refúgio e a minha porção na terra dos vivos." — **Salmos 142:5**

Leitura de hoje: Salmo142.
Gostaria de te pedir para fazer o que cada versículo pede, conforme orientação abaixo:
- Clame ao Senhor em voz alta, para você escutar sua voz;
- Apresente ao Senhor seus problemas;
- Qual foi a decisão que você tomou que não deu certo?
- Que pessoa você colocou expectativa e lhe desapontou?
- Clame ao Senhor lembrando que Ele é a nossa salvação.
- Peça a Deus para lhe livrar de todo o mal que lhe aterroriza.
- Agradeça a Deus pelas mulheres que Ele coloca a sua volta.

Depois da leitura, volte e responda as questões do seu devocional.

No seu Caderno Devocional:

- Escreva a palavra que mais chamou sua atenção.

- Relate tudo sobre o que o texto fala (locais, nomes, pessoas, datas, acontecimentos), pode ser em forma de tópicos também.

- Medite sobre o que o texto diz para você. Escute Deus falando sobre você, através de situações, momentos, emoções e sentimentos. Seja detalhista nos fatos.

- Ore sobre o que o texto te faz responder ao Senhor, depois escreva a sua oração. Converse com Deus, com suas palavras, do seu jeito, usando a sua linguagem. Lembre-se: Deus conhece você.

- Contemple o Senhor sobre tudo o que a Palavra fez em você. Louve-o pelo que Ele é, o que Ele faz e o que Ele fará. Depois escreva o seu compromisso em mudar algo que você precisa, para viver como a palavra nos convida a viver e a ser.

Oração

Deus, meu paizinho, cuida de mima, retira de mim todo o mal, todas as opressões, todo o medo, traz para minha vida pessoas que me façam está Te buscando e querendo, em nome de Jesus. Amém!

Dia 143   Data: __ /__ / __

"Estendo as minhas mãos para ti; minha alma tem sede
de ti, como terra sedenta. Selá." — **Salmos 143:6**

Leitura de hoje: Salmo 143. Faça essa leitura com voz forte e em tom alto, se possível. Hoje o Espírito Santo vem nos ensinar sobre: OUVIR. Minha irmãzinha, precisamos ouvir Deus. E para ouvir, precisamos procurá-lo, na Bíblia, na leitura de livros cristãos, nas músicas, nos testemunhos em comunidade celular, nos cultos, no nosso lar e no discipulado. Onde você tem procurado Deus? Precisamos deixar Deus está no nosso dia a dia, nos ensinando e nos tornando vivas. Tenha sede de Deus. Hoje o Espírito também nos pede para voltarmos ao passado e fazer uma análise do que nos tira da presença de Deus, volte, reconheça e dê um novo passo de fé. Agora, responda as questões do seu devocional com bom ânimo.

No seu Caderno Devocional:

- Escreva a palavra que mais chamou sua atenção.

- Relate tudo sobre o que o texto fala (locais, nomes, pessoas, datas, acontecimentos), pode ser em forma de tópicos também.

- Medite sobre o que o texto diz para você. Escute Deus falando sobre você, através de situações, momentos, emoções e sentimentos. Seja detalhista nos fatos.

- Ore sobre o que o texto te faz responder ao Senhor, depois escreva a sua oração. Converse com Deus, com suas palavras, do seu jeito, usando a sua linguagem. Lembre-se: Deus conhece você.

- Contemple o Senhor sobre tudo o que a Palavra fez em você. Louve-o pelo que Ele é, o que Ele faz e o que Ele fará. Depois escreva o seu compromisso em mudar algo que você precisa, para viver como a palavra nos convida a viver e a ser.

Oração

Senhor, que eu reconheça tudo que me afasta de Ti, livra-me
de todo o mal e me torna viva na Tua presença, que eu tenha
sede de Ti, meu amado Deus, em nome de Jesus. Amém!

Dia 144   Data: __ /__ / __

"Liberta-me, e livra-me da mão dos filhos estranhos,
cuja boca fala vaidade, e sua mão direita é uma
mão direita de falsidade." — **Salmos 144:11**

Leitura de hoje: Salmo 144. Hoje o Espírito vem nos ensinar a deixar Deus agir. Quando reconhecemos que Deus fez, faz e fará todas as coisas que precisamos, nós tiramos a nossa mão, não interrompemos o agir de Deus no nosso processo. Minha irmã, hoje o Senhor vem nos pedir para recordarmos de alguma situação que não está indo bem, que está parada, e Ele pede para que O deixemos agir, ore e peça a Deus que lhe dê forças e coragem para deixá-Lo no comando. Depois da leitura, retorne aqui e responda seu devocional.

No seu Caderno Devocional:

- Escreva a palavra que mais chamou sua atenção.
- Relate tudo sobre o que o texto fala (locais, nomes, pessoas, datas, acontecimentos), pode ser em forma de tópicos também.
- Medite sobre o que o texto diz para você. Escute Deus falando sobre você, através de situações, momentos, emoções e sentimentos. Seja detalhista nos fatos.
- Ore sobre o que o texto te faz responder ao Senhor, depois escreva a sua oração. Converse com Deus, com suas palavras, do seu jeito, usando a sua linguagem. Lembre-se: Deus conhece você.
- Contemple o Senhor sobre tudo o que a Palavra fez em você. Louve-o pelo que Ele é, o que Ele faz e o que Ele fará. Depois escreva o seu compromisso em mudar algo que você precisa, para viver como a palavra nos convida a viver e a ser.

Oração

Senhor, eu Te entrego o comando da minha vida,
conserta o que precisa ser consertado, corrigi-me,
Senhor, em nome de Jesus. Amém!

181

Dia 145   Data: __ / __ / __

*"O SENHOR está perto de todos aqueles que
clamam por ele, de todos aqueles que clamam
por ele em verdade."* — **Salmos 145:18**

Leitura de hoje: leia todo o Salmo 145. Hoje o Espírito vem nos ensinar sobre a santidade. Está no caminho de santidade é estar com o Senhor, na obra do Senhor, verdadeiramente louvando e bendizendo o Seu santo nome. Minha irmã, peça a Deus para gerar em você a vontade de estar na presença Dele sempre, e assim faça, você estará a cada dia mais íntima de Deus, e sua boca só irá declarar Deus. Como prática, gostaria de te pedir para declarar vitória na sua vida e no seu processo de santidade. Faça isso durante todo esse dia e constantemente de agora em diante. Depois da leitura, retorne aqui e responda as questões do seu devocional, elas farão você ver nosso Deus.

No seu Caderno Devocional:

- Escreva a palavra que mais chamou sua atenção.

- Relate tudo sobre o que o texto fala (locais, nomes, pessoas, datas, acontecimentos), pode ser em forma de tópicos também.

- Medite sobre o que o texto diz para você. Escute Deus falando sobre você, através de situações, momentos, emoções e sentimentos. Seja detalhista nos fatos.

- Ore sobre o que o texto te faz responder ao Senhor, depois escreva a sua oração. Converse com Deus, com suas palavras, do seu jeito, usando a sua linguagem. Lembre-se: Deus conhece você.

- Contemple o Senhor sobre tudo o que a Palavra fez em você. Louve-o pelo que Ele é, o que Ele faz e o que Ele fará. Depois escreva o seu compromisso em mudar algo que você precisa, para viver como a palavra nos convida a viver e a ser.

Oração

*Meu Deus, paizinho amado, louvado seja Tu, Tu és bom,
perfeito e agradável, Senhor me faz está na Tua obra, eu
quero ser santa, eu Ti peço em nome de Jesus. Amém!*

Dia 146   Data: __ /__ / __

*"O SENHOR abre os olhos dos cegos; o SENHOR levanta aqueles que estão curvados; o SENHOR ama os justos." — **Salmos 146:8***

Leitura de hoje: leia o Salmo 146.

Gostaria de te pedir para louvar ao Senhor no final de cada versículo, seja grata por quem Deus é na sua vida. Ele vai te honrar minha irmã, esteja firme, forte e corajosa no caminho que o Senhor preparou para você. Grandes coisas o Senhor quer te entregar. Peça o capacete da salvação e que Ele te calce com a palavra Dele. Leia a Bíblia e encontre o Senhor lá cada dia mais, cada dia mais íntima do Senhor estará.

Depois da leitura, retorne aqui e responda as questões.

No seu Caderno Devocional:

- Escreva a palavra que mais chamou sua atenção.

- Relate tudo sobre o que o texto fala (locais, nomes, pessoas, datas, acontecimentos), pode ser em forma de tópicos também.

- Medite sobre o que o texto diz para você. Escute Deus falando sobre você, através de situações, momentos, emoções e sentimentos. Seja detalhista nos fatos.

- Ore sobre o que o texto te faz responder ao Senhor, depois escreva a sua oração. Converse com Deus, com suas palavras, do seu jeito, usando a sua linguagem. Lembre-se: Deus conhece você.

- Contemple o Senhor sobre tudo o que a Palavra fez em você. Louve-o pelo que Ele é, o que Ele faz e o que Ele fará. Depois escreva o seu compromisso em mudar algo que você precisa, para viver como a palavra nos convida a viver e a ser.

♥

Oração

Senhor, abre meus olhos para Te ver, limpa os meus ouvidos para Te escutar e me enche da Tua palavra para que eu declare o Teu poder sobre minha vida, em nome de Jesus. Amém!

Dia 147   Data: __ /__ / __

"Ele sara os quebrantados de coração, e lhes
ata as suas feridas." — **Salmos 147:3**

Leitura de hoje: abra sua Bíblia e leia todo o Salmo 147.
Leia com muita atenção cada versículo.
Hoje o Espírito do nosso Senhor pede para que no final
de cada versículo você peça para o Senhor realizar em
você o que o versículo indica. Louve, peça cura, peça
um coração aquebrantado, peça força, cante, proclame
os mandamentos, se recorde dos profetas. Faça isso
como o ato de fé, crendo que o Senhor fará.
Depois da leitura, retorne aqui e responda as questões.

No seu Caderno Devocional:

- Escreva a palavra que mais chamou sua atenção.

- Relate tudo sobre o que o texto fala (locais, nomes, pessoas, datas, acontecimentos), pode ser em forma de tópicos também.

- Medite sobre o que o texto diz para você. Escute Deus falando sobre você, através de situações, momentos, emoções e sentimentos. Seja detalhista nos fatos.

- Ore sobre o que o texto te faz responder ao Senhor, depois escreva a sua oração. Converse com Deus, com suas palavras, do seu jeito, usando a sua linguagem. Lembre-se: Deus conhece você.

- Contemple o Senhor sobre tudo o que a Palavra fez em você. Louve-o pelo que Ele é, o que Ele faz e o que Ele fará. Depois escreva o seu compromisso em mudar algo que você precisa, para viver como a palavra nos convida a viver e a ser.

Oração

Senhor, me guia pelo Teu caminho, enche minha vida das
tuas graças e bênçãos, em nome de Jesus. Amém!

Dia 148   Data: __ / __ / __

> "Louvai ao SENHOR. Louvai ao SENHOR desde os
> céus; louvai-o nas alturas." — **Salmos 148:1**

Leitura de hoje: leia todo o Salmo 148. Minha amiga, minha irmã de fé, hoje o Espírito Santo vem nos ensinar a ordenança do Louvor. Ordene que tudo que existe louve o nosso Deus. Jesus lhe deu essa autoridade, você tem autoridade para louvar e declarar a vida de Deus em tudo. Você já chegou até aqui, já tem intimidade com o Senhor, levante-se e declare a vitória de Jesus na sua vida, Ele sempre vence. Vá declarando Deus com todo o Seu poder e Justiça na sua vida. Isso é um ato profético. Mesmo o que você não pode ver realizado, Deus realiza. Depois da leitura, retorne aqui e responda as questões.

No seu Caderno Devocional:

- Escreva a palavra que mais chamou sua atenção.
- Relate tudo sobre o que o texto fala (locais, nomes, pessoas, datas, acontecimentos), pode ser em forma de tópicos também.
- Medite sobre o que o texto diz para você. Escute Deus falando sobre você, através de situações, momentos, emoções e sentimentos. Seja detalhista nos fatos.
- Ore sobre o que o texto te faz responder ao Senhor, depois escreva a sua oração. Converse com Deus, com suas palavras, do seu jeito, usando a sua linguagem. Lembre-se: Deus conhece você.
- Contemple o Senhor sobre tudo o que a Palavra fez em você. Louve-o pelo que Ele é, o que Ele faz e o que Ele fará. Depois escreva o seu compromisso em mudar algo que você precisa, para viver como a palavra nos convida a viver e a ser.

Oração

Senhor, eu declaro que Tu és o único Deus da minha vida, eu declaro que os Teus planos na minha vida serão realizados, eu declaro que só Tu tens autoridade sobre mim, em nome de Jesus. Amém!

Dia 149   Data: __ /__ / __

*"Regozije-se Israel naquele que o fez, alegrem-se
os filhos de Sião no seu Rei." — **Salmos 149:2***

Leitura de hoje: Leia todo o Salmo 149.
Leia duas vezes o salmo com atenção.
Alegre-se no Senhor.
Hoje o Espírito vem nos dizer que somos filhas de Deus,
Deus é nosso pai, nosso paizinho, nosso Aba. Temos nossa
identidade. Somos herdeiras, sinta a Glória de Deus.
Minha irmã, louve, cante e dance, pois o Senhor
se alegra com você, Ele a ama. Ele te salva.
Sinta a presença do nosso Deus e deixe Ele ministrar em você.
Depois da leitura, retorne aqui e responda as questões.

No seu Caderno Devocional:

- Escreva a palavra que mais chamou sua atenção.

- Relate tudo sobre o que o texto fala (locais, nomes, pessoas, datas, acontecimentos), pode ser em forma de tópicos também.

- Medite sobre o que o texto diz para você. Escute Deus falando sobre você, através de situações, momentos, emoções e sentimentos. Seja detalhista nos fatos.

- Ore sobre o que o texto te faz responder ao Senhor, depois escreva a sua oração. Converse com Deus, com suas palavras, do seu jeito, usando a sua linguagem. Lembre-se: Deus conhece você.

- Contemple o Senhor sobre tudo o que a Palavra fez em você. Louve-o pelo que Ele é, o que Ele faz e o que Ele fará. Depois escreva o seu compromisso em mudar algo que você precisa, para viver como a palavra nos convida a viver e a ser.

Oração

Senhor, meu paizinho, gratidão por me salvar, por me curar,
por me libertar, por fazer um novo começo em mim. Me faz te
querer todos os dias da minha vida, em nome de Jesus. Amém!

Dia 150   Data: __ / __ / __

"Tudo quanto tem fôlego louve ao SENHOR. Louvai ao SENHOR." — **Salmos 150:6**

Leitura de hoje: Salmo 150. Minha irmã, lembre-se: O Senhor nosso Deus sempre está com você. Deseje a presença Dele todos os dias. Lembre-se que você está num processo de santidade e que tempestades irão acontecer, mas Jesus está no barco com você. Você é filha de Deus, procure-O sem se cansar, esteja com a palavra do Senhor te alimentando, te nutrindo todos os dias. Seja forte e corajosa. Louve-O. Louve-O. Ele fez, faz e fará tudo que é bom para você. Ele é bom, perfeito e agradável. Ame-O. Adore-O. Sinta-O. Depois da leitura e reflexões, retorne aqui e responda as questões.

No seu Caderno Devocional:

- Escreva a palavra que mais chamou sua atenção.
- Relate tudo sobre o que o texto fala (locais, nomes, pessoas, datas, acontecimentos), pode ser em forma de tópicos também.
- Medite sobre o que o texto diz para você. Escute Deus falando sobre você, através de situações, momentos, emoções e sentimentos. Seja detalhista nos fatos.
- Ore sobre o que o texto te faz responder ao Senhor, depois escreva a sua oração. Converse com Deus, com suas palavras, do seu jeito, usando a sua linguagem. Lembre-se: Deus conhece você.
- Contemple o Senhor sobre tudo o que a Palavra fez em você. Louve-o pelo que Ele é, o que Ele faz e o que Ele fará. Depois escreva o seu compromisso em mudar algo que você precisa, para viver como a palavra nos convida a viver e a ser.

Oração

Meu Pai, eu não sou mais órfão, eu tenho a Ti, esteja comigo todos os dias da minha caminhada, vença as tempestades pra mim, eu confio em Ti, louvado seja o Teu Santo nome, louvado seja Tua vontade na minha vida, louvado seja tudo que Tu fazes. Me diminui, Senhor, e cresce dentro de mim, em nome de Jesus. Amém!

♥ *Conclusão* ♥

Todo passo de fé tem suas dificuldades, seus desafios, suas superações e tem mudanças necessárias. O crescimento espiritual é uma decisão de cada uma de nós, que só é possível pelo querer, fazer e obedecer. No entanto, quando decidimos tomar esse caminho que leva a Deus, nos tornamos fortes e corajosas. Crescer é pensar diferente, é fazer coisas diferentes, é entender que é uma progressão, que é um processo que não pode ser paralisado, é contínuo. Às vezes crescer dói, porque isso irá, muitas vezes significar mudança de hábitos que já estavam enraizados em nós, mas eu garanto que depois dessa dor de cortar o que não nos pertence, a sua alegria será eterna.

Você chegou até aqui, ESTOU MUITO FELIZ PELA SUA JORNADA. E deve estar sentindo o que eu senti, uma sensação de fazer parte da obra de Deus, de ser filha de Deus e de ser herdeira de Deus. Isso mesmo, você PERTENCE ao reino de Deus. Bem-vinda de volta. Eu sei que foram dias de glória e dias de lutas, muitas vezes com nós mesmas.

Agora é com você!

Continue sua jornada de fé, não deixe que nada e nem ninguém lhe paralise.

Continue se permitindo crescer em Cristo Jesus.

Continue adorando e louvando o Senhor todos os dias.

Continue abençoando outras mulheres.

Obrigada por me dar a oportunidade de ser canal de Deus na sua vida e por você mesma se permitir crescer espiritualmente.

Mostre ao mundo o que o Senhor nosso Deus fez em você!

Francilice Rodrigues é conhecida por sua busca constante pelo entendimento da palavra de Deus e por confiar que Deus é bom, perfeito e agradável em todo tempo. É apaixonada por Jesus e obediente ao propósito planejado para ela. É casada com Roneydson Moreira e mãe da Victoria, Maria Clara e Elisa. Eles são seu primeiro ministério. É administradora e professora, onde acredita que Deus à usa como sua porta-voz, levando seu testemunho de fé e coragem, alcançando vidas para Jesus.

www.ingramcontent.com/pod-product-compliance
Lightning Source LLC
Chambersburg PA
CBHW070516160726
48003CB00004B/1588